NOTICE SUR M. L'ABBÉ ISAAC

E. Cagniard, à Rouen.

NOTICE

SUR

M. L'ABBÉ ISAAC

VICAIRE GÉNÉRAL

DOYEN DU CHAPITRE MÉTROPOLITAIN DE ROUEN

PAR

M. L'ABBÉ JULIEN LOTH

Chanoine honoraire

Professeur honoraire de la Faculté de Théologie

Curé de Saint-Maclou de Rouen

ROUEN

IMPRIMERIE DE ESPÉRANCE CAGNIARD

rue Jeanne-Darc, 88

1885

PRÉFACE

J'ai voulu conserver dans ces pages le souvenir
de M. l'abbé Isaac et publier quelques-uns de ses
écrits. Son humble et sainte vie a été mêlée à peu
d'événements et s'est écoulée silencieusement dans
le sanctuaire ; elle ne piquera pas, à coup sûr, la
curiosité publique ; elle montrera seulement ce qu'est
un prêtre parfait dans l'exercice des diverses fonctions du ministère sacerdotal.

Le spectacle d'une belle âme est meilleur à contempler que celui des événements politiques et des
intrigues imaginaires où se complaisent la plupart
des lecteurs. D'ailleurs, cette notice n'a été écrite
que pour quelques-uns : ceux qui ont connu et aimé

ce vénérable prêtre. Dans ce dessein, nous l'avons remplie des extraits de ses écrits, afin qu'on y entendît encore, par delà la tombe, sa bonne parole, et qu'on y retrouvât quelque chose de lui.

C'est aussi une petite page de l'histoire diocésaine. Le prêtre qui a été premier Vicaire général de l'illustre Cardinal de Bonnechose et doyen du Chapitre métropolitain ne pouvait pas être oublié dans nos annales.

Il a, pendant son passage ici-bas, rendu témoignage à la vérité et à la vertu ; il les a fait connaître, aimer et pratiquer. Qu'est-ce que notre vie, courte et triste, si elle n'est pas cela ? Et si elle a rempli son but, pourquoi laisser périr l'édification qu'elle a donnée ?

Nous avons satisfait par là notre piété filiale. Ayant vénéré et chéri ce saint prêtre pendant sa vie, nous nous sommes efforcé, par ces simples pages, où nous n'avons apporté que l'unique souci de la vérité, de lui rendre honneur et de lui témoigner notre gratitude.

Nous avons orné cette notice de son portrait, tel

qu'il était dans ses dernières années. Sa vénérable figure, où se lisent la bonté, la finesse et aussi la souffrance, semble nous dire adieu, et sa bouche entr'ouverte murmure les dernières paroles de son agonie : « Notre-Seigneur Jésus-Christ ! Il n'est rien de meilleur ! »

I

Jean-Baptiste-Ambroise Isaac est né le 4 avril
1814 à Mautheville, section de Grainville-la-Tein-
turière. Son père, Simon-Martin Isaac, et sa mère,
Julie-Thérèse Motte, honnêtes cultivateurs, jouis-
saient d'une modeste aisance et de la considération
publique. Chrétiens de l'ancienne marque, simples,
laborieux, affables, ils étaient estimés de tous pour
leur vie exemplaire et pour leur charité. Ils aimaient
les pauvres; ils en logeaient tous les hivers un
nombre assez considérable dans un bâtiment rural
qui leur était exclusivement destiné; ils leur donnaient la soupe et une place au foyer, selon un usage
qui tend aujourd'hui à disparaître de nos campagnes. C'est un pauvre de passage qui mit la première bouchée de pain dans la bouche du jeune
Jean-Baptiste Isaac, qui épris à son tour et dans

tous les temps de sa vie, de l'amour des pauvres, se plaisait à raconter ce fait, où il voyait une attention et comme une indication de la Providence. Son enfance fut pieuse et austère. On travaillait ferme à la maison, et on n'entourait pas alors les enfants de ces gâteries excessives qui amollissent et énervent dès le berceau nos jeunes générations. Jean-Baptiste, qui devait être un prêtre fortement trempé, fut élevé en homme et s'en trouva bien. A sept ans, il faisait deux kilomètres pour aller à l'école, et s'y montrait l'élève le plus assidu et le plus appliqué. Un soir, en passant un pont jeté sur la rivière de la Durdent, il fut poussé étourdiment par un de ses camarades et tomba à l'eau. Un jeune domestique de la ferme de ses parents accourut à ses cris et le sauva. L'enfant fut apporté sans connaissance à sa mère, qui le rappela par ses tendres soins à la vie, mais cet accident détermina ses parents à le mettre en pension chez un curé du voisinage, M. l'abbé Lavenu, alors à Berville, et nommé bientôt après au doyenné d'Offranville. C'est à Offranville que Jean-Baptiste fit ses premières études de latin et sa première communion. Il apporta à cette grande action, qui décide le plus souvent de la vie, une préparation de deux années, pendant lesquelles sa piété grave et douce semblait croître tous les jours. Il servait la messe du bon doyen avec une ferveur angélique et demeurait en

prières après la messe aussi longtemps que le célébrant. Le dimanche, il était le premier arrivé au
chœur, où sa belle voix d'enfant rendait déjà des
services. Il eut de très bonne heure le goût du plain-
chant et des offices, qu'il sut communiquer à tant
d'autres dans les diverses paroisses qui lui furent
confiées. Dieu récompensa la piété de l'enfant en lui
donnant la vocation ecclésiastique. « Sois tout à
moi, lui dit la voix du Maître intérieur au jour où
il prit pour la première fois possession de son âme
dans le mystère eucharistique. — Oui, mon Jésus,
dit l'enfant, je serai tout à vous. » Et nous avons
entendu ses lèvres mourantes répéter à soixante-dix
ans, avec une singulière expression de confiance et
d'énergie, ces paroles qui pourraient résumer toute
sa vie : « Seigneur Jésus, je vous ai été fidèle ! »
M. le doyen d'Offranville, mis au courant des sentiments de son jeune élève, conseilla à son père de le
faire entrer au petit séminaire du Mont-aux-Malades.
Le père, il faut bien le dire, connaissant les dispositions précoces et l'application à l'étude de son fils,
avait rêvé, comme il arrive à bien des gens de la
campagne, d'en faire un avocat. Être avocat, pour
ces bonnes gens, c'est être un savant, un homme
apte aux grands emplois et sûr de la fortune. Le
doyen d'Offranville fit entendre raison à ce bon père
et trouva surtout dans Mme Isaac un puissant auxi-

liaire. Jean-Baptiste avait confié à sa mère qu'il se croyait appelé au sacerdoce. Cette femme, d'une haute piété et d'un rare bon sens, décida son mari à laisser à leur fils la liberté de sa vocation.

On concourait alors pour entrer au petit séminaire, car les demandes d'admission dépassaient de beaucoup le nombre des places vacantes. Jean-Baptiste se rendit à Rouen, accompagné de son père, dans les vacances de 1827, et se présenta devant le jury d'examen. Il fit sa composition écrite et la remit à l'un des examinateurs, M. l'abbé Picard, mort depuis curé de la cathédrale, en lui demandant à quelle heure il fallait revenir. « A une heure, » dit M. Picard. Jean-Baptiste tira alors une grosse montre de son gousset et dit avec un sérieux qui fit rire M. Picard : « Vous savez, monsieur, il nous faut le temps de dîner. — A la bonne heure, dit M. Picard, voilà un homme pratique. » Le dîner qu'allait faire Jean-Baptiste se composait d'un morceau de pain et d'une grappe de raisin qu'il mangea assis sur un banc avec son père dans le jardin de Saint-Ouen. Que de fois, en traversant le jardin, il nous a montré la place où il avait passé l'heure d'attente qui allait décider de son sort ! Quand il revint devant les examinateurs, M. Picard le reconnut et lui dit : « Eh bien ! mon garçon, as-tu pris le temps de dîner ? J'ai à t'annoncer une nouvelle qui t'aidera à faire une bonne digestion : ton devoir est bon, tu es reçu. » Jean-Baptiste remercia les examinateurs et reprit joyeux le chemin de Grainville.

Il entra au petit séminaire du Mont-aux-Malades en octobre 1827, dans la classe de sixième. Il s'y trouva heureux dès les premiers jours et comme dans son élément. La règle du séminaire, la discipline prévoyante et paternelle, la variété des exercices, les joies de l'étude et de l'émulation, le bon esprit des élèves, la bonté et le dévouement des maîtres, les belles fêtes religieuses qui se célèbrent avec tant d'édification et de dignité dans la sainte maison, tout cet ensemble si bien fait pour parler à la foi de l'enfant pénétrait, élevait, ravissait son âme. Au bout de six mois, Jean-Baptiste était cité comme le modèle des écoliers. Grave, aimable, consciencieux, appliqué, il était également estimé des maîtres et des élèves. Le premier dans presque toutes les facultés, il acquit par l'ascendant de sa vertu une influence telle qu'on lui confia la surveillance de son étude, où se trouvaient cependant des jeunes gens plus âgés que lui. Il remporta, à la distribution des prix, le premier prix d'excellence, le premier prix de thème, le premier prix de version, le premier prix d'histoire et géographie, c'est-à-dire tous les premiers prix.

En cinquième, à la distribution des prix du 6 août 1829, il obtint le prix unique d'excellence, le deuxième prix de thème latin, le premier accessit de version latine, le prix de mémoire, le deuxième prix d'histoire et de géographie. En quatrième, en 1830, il remporta le second prix de thème latin, le second prix de version latine, le second prix de version grecque, le second prix d'histoire et de géographie, des accessits en excellence et en vers latins. Son heureux rival était M. le chanoine Duval, qui obtint six premiers prix. En troisième, en 1831, Jean-Baptiste figura sur le palmarès avec le second prix de thème latin, le second prix de version latine, le premier prix de version grecque et des accessits en excellence et en vers latins. En seconde, en 1832, il n'y eut pas de distribution de prix ni de palmarès, à cause d'une maladie contagieuse (la fièvre millière) qui emporta plusieurs élèves et força M. le Supérieur à faire évacuer brusquement la maison. En rhéto-rique, il remporta trois prix : le premier prix de version grecque, le second prix de version latine, le second prix de vers latins, et un accessit en dis-cours français. Les prix étaient vivement disputés dans cette classe excellente, qui comptait parmi les lauréats M. le chanoine Duval ; M. Colas, mort chanoine de la métropole ; M. Brichet, M. Frédéric-Victor Morin, mort curé de Saint-Sever de Rouen.

Rien n'était plus touchant que l'amitié qui unissait M. Isaac et M. Duval, son rival souvent heureux ; cette amitié subsista toujours et fut l'une des consolations de la vie de M. Isaac.

Sans exagérer l'importance des succès scolaires, il faut y voir cependant un indice grave de l'avenir des jeunes gens. L'homme est presque toujours ce qu'a été l'enfant, et la suite de la vie répond souvent à ses commencements. Dans les petits séminaires, où le travail est en grand honneur et où l'émulation est très vive, un élève qui a remporté constamment dans ses classes des prix et des nominations a fait preuve d'une application soutenue, de talents solides, de qualités d'esprit, de jugement et de caractère qui offrent les plus sérieuses garanties.

M. Isaac quitta le petit séminaire affermi dans sa vocation et orné déjà de toutes les vertus qui font les pieux lévites. Ses maîtres lui donnèrent des notes excellentes et tous les témoignages d'une profonde estime et de la plus affectueuse confiance. Il avait fait des études solides. Son esprit était pénétrant, son jugement sûr, sa piété aussi vive qu'éclairée. Il avait dès cette époque l'humilité des saints ; ce fut jusqu'à son dernier jour sa vertu favorite. On pouvait reprendre dans son caractère une grande timidité et une circonspection qui aurait été poussée jusqu'à la défiance s'il ne s'était appliqué à la contenir dans de justes limites. Il s'ouvrait rarement et avec peu d'hommes, mais il était bon envers tous, d'une bonté innée, généreuse, absolue. Il apporta ses qualités à la maison paternelle, et les vacances étaient pour ceux qui l'entouraient une époque douce et bénie. Fidèle à la règle du séminaire, il assistait chaque jour à la sainte messe et y communiait fréquemment ; il faisait l'édification de la paroisse aux offices, où il chantait avec élan notre belle liturgie ; il avait ses heures de travail réglées et il aimait, pendant les temps libres, à aider ses parents dans la culture de la ferme. Le travail des mains ne lui inspirait aucune répugnance ; on eût dit, à le voir prendre part aux récoltes, aux semailles, à l'aménagement des terres, qu'il n'avait fait que cela toute l'année. Facile à vivre et d'une extrême sobriété, toujours content et de bonne humeur, il était pour tous d'un commerce agréable et du meilleur exemple.

Il entra en octobre 1833 au grand séminaire. Ce fut avec un saint respect et une vive joie qu'il revêtit l'habit clérical dont il ne devait plus se séparer.

Modèle de travail et de piété, M. Isaac passa au grand séminaire des années douces, pleines, fécondes, dont le seul souvenir épanouissait encore son visage dans la vieillesse. Les études théologiques allaient merveilleusement à son esprit juste et pénétrant ; l'Ecriture Sainte, dont il fit toute sa vie sa lecture de prédilection et qu'il possédait comme peu d'hommes au monde, donnait à sa foi un aliment de plus en plus goûté; les offices de la cathédrale étaient pour son cœur une fête sans cesse renouvelée. Il y avait alors tout une race de chantres qui aimaient singulièrement le plain-chant de Rouen et qui en savaient de mémoire les pièces principales. Ceux de la cathédrale se distinguaient entre tous par leur zèle et leur fidélité aux traditions locales ; ils avaient des voix exceptionnelles et exécutaient à la perfection, selon le goût du temps, nos saints offices. Ce n'était pas, il est vrai, la méthode que nous recommanderions, et nous n'avons pas besoin de faire remarquer que l'ancienne exécution était en contradiction avec les principes mêmes et l'essence de nos mélodies liturgiques. Nous sommes de ceux qui appellent de tous leurs vœux la restauration du plain-chant par la méthode grégorienne et selon les principes de Lemmens, de Dom Pothier, de M. l'abbé Bonhomme, de tous les hommes éclairés. Pour dire ici toute notre pensée, nous eussions désiré que notre diocèse conservât son chant, aussi romain, aussi grégorien par sa substance que tous les autres de ce nom, mais il fallait le réformer, lui appliquer la notation par longues et par brèves, l'exécuter en phrasant, en séparant les phrases, en observant les repos, en donnant de l'accent à certaines notes, en coulant légèrement sur certaines autres, en lui assurant une expression, une couleur, une vie dont il est totalement dépourvu par l'exécution inintelligente et barbare à notes égales. Mais enfin, pour en revenir à notre sujet, en 1834, à la cathédrale, on exécutait rondement le plain-chant, et moins mal qu'ailleurs; on y mettait un soin extrême, et telle était la force de l'habitude qu'on trouvait cela admirable. M. Isaac en avait conservé cette impression. Les cérémonies qui étaient particulières au diocèse, fort anciennes et fort belles d'ailleurs, ne contribuaient pas peu à la pompe des offices de la cathédrale, où elles étaient accomplies avec une gravité, un ordre, une majesté dont se souviennent encore les hommes de mon âge.

Les quatre années du grand séminaire s'écoulèrent rapidement pour M. Isaac, et il les regretta toujours. Ordonné prêtre à vingt-trois ans, le 24 mai 1837, par Mgr le cardinal prince de Croy, il fut nommé, tant était grande la confiance qu'il inspirait, curé d'une paroisse de plus de mille âmes et qui avait beaucoup souffert au point de vue spirituel. « Nous vous envoyons, lui dit M. Martin, alors vicaire général, à Fresnoy-Folny, où tout est à refaire, et nous comptons sur vous. »

II

Fresnoy-Folny est situé à sept kilomètres de Londinières, sur la route départementale de Neufchâtel
à Eu, et occupe le faîte du pays, entre les rivières
de l'Yères et de l'Eaulne. C'est le centre le plus
important après le chef-lieu de canton ; il est formé
de trois anciennes paroisses, Fresnoy, Folny et
Bailly-en-Campagne, et de huit hameaux, et compte
aujourd'hui encore plus de neuf cents habitants. La
population, paisible et laborieuse, se livre en grande
partie à la culture des champs. On trouve à Fresnoy
un bon nombre de petites fermes où l'on s'occupe
surtout de la fabrication du beurre et du fromage.
On n'y remarque ni château ni grande exploitation
agricole. Les habitants vivaient modestement alors,
et probablement encore aujourd'hui, de leur travail ;
s'il n'y avait pas de riches, le nombre des pauvres
était restreint. Les curés qui s'étaient succédé depuis
le Concordat avaient été des prêtres âgés ou sans
grand zèle, et la paroisse laissait beaucoup à désirer
sous le rapport religieux. M. Isaac la transforma et
en fit une des plus édifiantes de la contrée. Il arriva
en juin 1837 à Fresnoy, par un beau soir d'été, et
se rendit immédiatement à l'église, où il épancha

son cœur devant Dieu. Le presbytère n'étant pas
prêt, il accepta l'hospitalité que lui offrit cordiale-
ment, pendant six semaines, le maire de la commune, M. Chevallier. Dans le premier entretien que
ces deux hommes, devenus promptement deux amis,
eurent le soir même. M. Isaac manifesta sa profonde
humilité et son grand esprit de foi, en exprimant
son appréhension d'être chargé à vingt-trois ans
d'une paroisse relativement considérable, et, au
cours de ses pieuses confidences, il se prit à pleurer.
« Ne craignez rien, monsieur le curé, dit le maire,
nous vous aimerons bien et nous vous faciliterons la
tâche qui vous effraie. » M. Chevallier avait reçu de
l'archevêché une lettre qui l'édifiait sur le mérite de
son nouveau curé, et il ne négligea rien pour lui
témoigner son estime et sa confiance. M. Isaac fut
installé le lendemain vendredi par M. l'abbé Auvray,
curé-doyen de Londinières, et le dimanche suivant
il monta en chaire et adressa à ses paroissiens son
premier sermon, que nous aimons à reproduire :

Mes Frères,

La cérémonie de vendredi dernier, les diverses fonctions que j'ai déjà remplies dans cette église, vous ont
fait connaître que je suis le prêtre envoyé pour des-
servir cette paroisse. Je viens ici pour le salut de vos
âmes. Ma mission est de vous faire glorifier Notre-Sei-

gneur Jésus-Christ et de vous conduire au ciel. Je ne suis point venu pour faire fortune au milieu de vous. A Dieu ne plaise que l'amour du gain soit jamais un motif d'exercer mes fonctions saintes. Non, mes frères, je suis venu uniquement pour la gloire de Dieu, pour votre consolation en cette vie, pour votre bonheur en l'autre.

Pour obtenir une fin si belle et si désirable, pour vou; faire arriver au ciel, j'ai plusieurs obligations à remplir Il faut : 1° que j'instruise. Ça été pour instruire les nations que Notre-Seigneur Jésus-Christ a envoyé des apôtres par toute la terre : *euntes docete omnes gentes*, leur a-t-il dit. Nous autres prêtres, successeurs des apôtres, nous avons le même devoir à remplir. Il faudra donc que je vous fasse connaître Notre-Seigneur Jésus-Christ, son ardent amour pour nous tous ; il faudra que je vous rappelle que ce Dieu a quitté le sein de son Père pour s'incarner dans le sein d'une pauvre vierge, son trône de gloire pour reposer sur une crèche, le palais du ciel pour une étable, les délices du firmament pour une croix.

Il faut : 2° que je vous donne l'exemple des vertus chrétiennes. Une prédication assidue, quand je parlerais le langage des anges, si elle n'est pas soutenue par les œuvres, n'a guère d'efficacité. Nous sommes d'ailleurs les modèles du troupeau, nous dit saint Pierre : *forma facti gregis*, et nous devrions pouvoir dire avec l'apôtre saint Paul : Soyez-moi imitateurs comme nous le sommes de Jésus-Christ. Sans doute, il y aurait de la présomption de notre part à vous tenir un pareil langage ; mais nous pouvons bien vous promettre, sans blesser l'humilité, que nous tâcherons que notre conduite soit édifiante ; si elle ne peut servir de modèle à la vôtre, nous tâcherons du moins qu'elle ne démente pas nos prédications.

Il faut enfin que je vous administre les sacrements. Nous tendons tous au ciel, et c'est là la demeure que nous devons ambitionner après la mort. Mais, pour arriver au ciel, la grâce est nécessaire ; sans la grâce, point de salut. On obtient la grâce, il est vrai, par la prière ; mais la grâce, la grâce surabondante, la grâce telle qu'elle est nécessaire pour vaincre les obstacles qui se rencontrent au milieu du monde, pour échapper à la corruption du siècle, ne se trouve que dans la fréquentation des sacrements. Les sacrements sont comme des canaux par lesquels elle découle avec abondance. Notre-Seigneur Jésus-Christ, qui est le maître de la grâce, nous la communique de la manière qu'il veut ; il l'a attachée à ces signes sensibles que nous appelons sacrements, de sorte que si nous voulons la recevoir, il faut fréquenter les sacrements, et vous les administrer est une des fins pour lesquelles j'ai été envoyé.

Voici, mes frères, quelques-unes de mes obligations. Voyons maintenant les vôtres. N'est-il pas vrai que si je suis obligé de vous instruire, de vous annoncer la parole de Dieu, vous autres, mes frères, de votre côté, vous êtes obligés de l'écouter avec attention, et non seulement de l'écouter, mais d'en faire le sujet de vos méditations. Autrement, ce serait une semence perdue

le long du chemin, foulée aux pieds des passants, enle-
vée par les oiseaux du ciel, qui ne pourrait ainsi porter
aucun fruit.

N'est-il pas vrai encore que je ne pourrais vous
administrer les sacrements si vous ne les fréquentiez
pas? Mais ce ne serait pas assez de vous en approcher ;
vous savez que les sacrements sont des choses saintes,
et que les choses saintes sont seulement pour les saints :
sancta sanctis. Il faut donc des dispositions. Ainsi,
par exemple, pour le sacrement de pénitence, il ne
suffit pas de se présenter au tribunal sacré, d'y faire
même un aveu sincère et circonstancié de ses fautes ;
tout cela est bien, tout cela est nécessaire sans doute,
mais il faut encore s'accuser avec douleur, il faut être
fâché d'avoir offensé Dieu, et ce regret doit être tel qu'il
produise en vous la résolution ferme de ne plus pécher
désormais. Un autre exemple pour le sacrement de
mariage. Croyez-vous qu'il suffise aux époux de se
présenter devant le prêtre, afin qu'il bénisse leur union ?
Croyez-vous qu'il ne faille pas se préparer à ce sacrement, consulter Dieu dans la prière pour connaître sa
volonté, lui demander les grâces si indispensables pour
supporter les humeurs de son époux ou de son épouse,
pour élever chrétiennement ses enfants si le Seigneur
daigne bénir leur mariage ? Vous ne le croyez pas, mes
frères, et cent fois vous avez dit vous-mêmes d'un mariage où la passion préside, où la religion n'entre que
pour la forme, que c'étaient deux malheureux qui
se mettaient en esclavage, et que la joie extérieure

qui accompagne semblables alliances se tournerait bientôt en larmes amères. Vous voyez donc que c'est un devoir pour vous de fréquenter les sacrements, de pouvoir vous en approcher avec les dispositions nécessaires.

Je n'ai pas entrepris, mes frères, dans ce court entretien, d'énumérer tous vos devoirs. Mais, avant de terminer, je dois vous rappeler encore un devoir utile pour le fruit de mon ministère, utile à votre propre sanctification. Ce devoir, mes frères, c'est la confiance que vous me devez. Si vous ne me donnez pas votre confiance, je ne puis rien faire. Croirez-vous à mes paroles si je n'ai pas votre confiance? Les avis que je vous donnerai, les écouterez-vous, les suivrez-vous si je n'ai pas votre confiance? Viendrez-vous à ce tribunal de miséricorde chercher la guérison de votre âme, ou, si vous y venez, serez-vous sincères dans l'aveu de fautes que vous voudriez vous cacher à vous-mêmes? Confiance donc, mes frères, confiance entière en celui qui a été préposé au salut de vos âmes. Je vous le demande au nom de vos plus chers intérêts. Je ne suis pas sans espérances de ce côté. J'ai appris l'attachement que vous aviez pour mon prédécesseur; je sais le regret que vous a causé sa mort, que son souvenir réveille encore des sentiments douloureux. Ces dispositions de votre part sont pour moi d'un heureux augure. Je n'ai pas, il est vrai, ses talents; je n'ai point non plus ses qualités extérieures, mais souvenez-vous que Dieu peut, avec le plus vil instrument, opérer les plus grandes merveilles. Souvenez-vous que ce n'est ni par la force des armes ni avec les ressources de l'éloquence que les apôtres ont fait la conquête du monde, mais bien avec la croix de Jésus-Christ. Demandons tous ensemble à notre divin Sauveur, que nous allons offrir sur cet autel, demandons-lui qu'il en soit ainsi pour moi, demandons-lui que mon ministère dans cette paroisse soit pour le salut de vous tous et pour le mien propre. C'est la grâce que nous devons souhaiter de préférence à tout. *Amen*.

Le bon curé se mit résolument à l'œuvre. Il commença par les enfants, en apportant à ses catéchismes la préparation, le soin, la patience, le dévouement qui furent du reste, dans toute sa carrière pastorale, l'un des traits caractéristiques de son zèle. Il excellait dans cette fonction si importante du ministère. Il savait se faire comprendre des enfants, ayant la clarté de l'exposition, la netteté des expressions, le trait qui réveille l'attention, la bonté qui va droit à leurs cœurs. Il n'était jamais plus heureux qu'au milieu des enfants, et il savait, par sa lucidité, son esprit naturellement vif et ingénieux, la cordialité de sa parole, par les gracieuses histoires qu'il aimait à leur conter, leur rendre le catéchisme si agréable qu'ils y accouraient comme à une fête. Il en fut ainsi partout, à Fresnoy, à Clères, à Caudebec-en-Caux. M. Isaac estimait avec raison qu'il n'y a pas d'œuvre plus essentielle pour

régénérer une paroisse que celle des catéchismes. Il
les préparait avec autant d'application que ses sermons, et cela après trente ans de ministère comme
au premier jour. Un bon catéchiste, disait-il souvent,
est plus utile à une paroisse qu'un orateur éminent,
et on ne devient un bon catéchiste qu'en préparant
soi-même dans le recueillement, l'étude, la réflexion,
les explications et les leçons qu'on proposera à l'attention des enfants. N'espérez rien d'une paroisse
où cette partie si importante du ministère est négli-
gée : le fondement manque à l'édifice spirituel.

M. Isaac était si pénétré de la nécessité de l'éducation religieuse que sa première œuvre à Fresnoy
fut de fonder une école pour les filles, mêlées jusque-
là aux garçons, et d'y appeler la direction des sœurs.
C'était tout une affaire en 1837 que la fondation
d'une école dans une paroisse où l'argent était rare
et où les ressources de la commune étaient très limi-
tées. Le jeune curé se fit quêteur et prêcha d'exemple
en consacrant le premier mandat de son traitement
à sa fondation. Il réussit promptement, et il eut la
consolation de voir bientôt à Fresnoy une religieuse
à la tête d'une école de quatre-vingts petites filles.
La vénérable sœur qui a commencé ce poste vit
encore, et elle peut raconter le dévouement du jeune
curé, qui lui constitua à ses frais son premier mobilier, lui assura sa nourriture et pourvut à tout dans

les premiers temps avec une infatigable sollicitude.

L'école prospérant, il fallut, l'année suivante, deux religieuses. M. Isaac les obtint. Il institua alors à Fresnoy les conférences du dimanche. Après les vêpres, les jeunes filles chantaient des cantiques, le curé prenait un point de la doctrine chrétienne, l'expliquait, le développait et l'appuyait par des traits historiques empruntés le plus souvent à l'Écriture sainte ou à la tradition, et intéressait si vivement son auditoire que presque tous les paroissiens finirent par rester à l'église jusqu'au dernier verset du cantique final. C'est là qu'il mit en honneur la pratique du chapelet. Avant lui, qui le croirait ? on avait négligé à Fresnoy le chapelet. Les paroissiens furent tout étonnés quand ils virent pour la première fois cette dévotion en usage, et il fallut que le jeune curé leur expliquât patiemment et dans une série d'instructions l'utilité, les avantages, les précieuses ressources du chapelet.

La visite et le soin des malades furent, dès le commencement de son ministère, une des plus chères préoccupations de M. Isaac. Aussitôt qu'il apprenait que l'un de ses paroissiens était alité, il aimait à prendre de ses nouvelles, à lui porter ses encouragements et le charme de sa conversation aimable et consolante ; quand la maladie s'aggravait, il trouvait le malade tout préparé à accueillir les secours de son ministère. Voyait-il, et c'était presque toujours le cas, que sa présence était agréable au malade et lui faisait du bien, il prolongeait ses visites ; il avait alors toutes les délicatesses d'une sœur de charité pour adoucir les souffrances du patient. Chez les pauvres, on l'a vu maintes fois faire lui-même leur lit et leur rendre tous les offices de la charité. A l'heure du danger, il savait merveilleusement disposer ses chers malades à la réception des sacrements et les assister à l'agonie. Il était alors d'une tendresse et d'un zèle infinis. Il estimait, avec son grand esprit de foi, que la mort est tout dans la vie, et il voulait à tout prix assurer à ceux que la Providence lui avait confiés la grâce d'une sainte mort.

Il ne s'est jamais relâché, sur ce point comme sur tous les autres du reste, de sa première ferveur. Le soin des malades passait avant tout dans l'emploi de sa journée. Affranchi des obligations du ministère paroissial, il persista, comme chanoine et vicaire général, à visiter, à soigner, à administrer les malades qui le réclamaient, et l'on peut dire qu'aucun de ceux qui ont eu confiance en lui n'a été privé de ce bienfait suprême d'une mort précieuse devant Dieu. Que d'hommes lui ont dû leur conversion finale ! Nous pourrions citer ici des noms bien significatifs si la discrétion ne retenait notre plume. Que d'âmes, pendant près d'un demi-siècle, se sont envolées vers Dieu purifiées, ferventes, empressées, grâce au dévouement et à la tendresse de ce saint prêtre !

M. Isaac aimait avec prédilection les offices de l'Église, aussi, dès la première année de son séjour à Fresnoy, son attention se porta sur le chant et les cérémonies. Il y avait beaucoup à faire à ce sujet dans cette campagne, comme dans presque toutes nos paroisses. Il commença la réforme par les enfants en obtenant du maître d'école qu'il donnerait aux enfants quelques notions de plain-chant, puis en ouvrant dans son presbytère, le samedi soir, un cours de plain-chant pour les jeunes gens et les hommes de bonne volonté. Il partageait son cours en deux parties, théorique et pratique. La première demi-heure était consacrée à l'exposition des principes du plain-chant et aux exercices généraux ; la seconde à la répétition de l'office du lendemain. Avec la persévérance qui le caractérisait, le bon curé poursuivit pendant treize ans ses leçons hebdomadaires, et parvint ainsi à former, à Fresnoy, un chœur de chantres que les paroisses les plus importantes eussent pu lui envier. Il était convaincu que rien n'est plus précieux pour une paroisse que le goût et l'amour des offices, et il voulait y intéresser tous les fidèles en les associant au chant de nos belles mélodies. Aucun effort personnel ne lui coûta pour arriver à ce but. A vrai dire, c'est le seul moyen efficace. Quand le curé ne donne pas lui-même l'exemple et ne sait pas se dépenser pour instruire ses paroissiens dans la science du chant, les bonnes volontés particulières se lassent et n'aboutissent pas. Quelle différence entre un chœur exercé et celui qui ne l'est pas ! Quel beau et édifiant spectacle que celui d'une paroisse où, sous l'impulsion du pasteur, le chant est en honneur et où l'église retentit des accents élevés, fervents, unanimes des fidèles ! Quand, au contraire, le curé ne témoigne aucun goût, aucun zèle pour le chant, le chœur n'obéit qu'à la routine, les fidèles gardent le silence, et les offices sont privés de leur principal élément de vie et d'édification. Qu'on ne dise pas que le succès est difficile ! C'est là l'ordinaire prétexte de la négligence. Partout où on le veut efficacement et où l'on paie de sa personne, on transforme le chœur de son église. Fresnoy en fut un exemple. En peu d'années, le goût du plain-chant gagna les jeunes gens, puis les hommes, et les offices furent célébrés avec entrain et dignité.

M. Isaac remplit avec la plus constante application le devoir du pasteur d'enseigner son troupeau. On a vu avec quels soins il faisait ses catéchismes et ses conférences. Jamais il ne manqua à préparer et à écrire son prône du dimanche. Jamais il ne s'abstint un seul jour de dimanche et de fête de la prédication. Il travaillait et apprenait toutes ses instructions. Plus de quinze cents sermons sont là sous nos yeux et attestent l'admirable fidélité du prêtre à annoncer dignement la parole de Dieu. Il renouvelait sans cesse sa provision de science par l'étude assidue de l'Ecriture sainte, des Pères, de la théologie, des bons auteurs ecclésiastiques. Son règlement de vie sur ce point fut exécuté d'une manière invariable. Tous les jours, quoi qu'il advînt, M. Isaac lisait un chapitre de l'Ecriture sainte, et nous l'avons vu, dans les derniers temps de son grand-vicariat, écrasé d'occupations, commencer à onze heures du soir sa lecture de la Bible. Comme je le priais un jour d'abréger sa lecture : « Je n'y ai jamais manqué de la vie, me dit-il simplement, je ne commencerai pas à mon âge. »

Ses journées à Fresnoy étaient ordonnées d'une manière uniforme, et comme le règlement qu'il avait adopté dès ce temps fut celui de toute sa vie, nous en parlerons ici. Il se levait à cinq heures et passait la première heure dans la prière, la méditation et la préparation à la sainte messe. Il se rendait à sept heures à l'église. Il célébrait avec la gravité, la dignité, la ferveur d'un saint. Son action de grâces terminée, il se rendait au confessionnal, suivant les circonstances, ou se tenait à la sacristie à la disposition des paroissiens qui avaient à lui parler. Il retournait au presbytère vers neuf heures, et, monté dans sa chambre, il passait les heures de la matinée à l'étude. La Bible d'abord, puis la théologie, les Pères, l'histoire ecclésiastique. A midi, il dînait en famille. Il avait la consolation d'avoir avec lui son père, un homme de bien, de grand bon sens et du commerce le plus aimable ; sa mère, un modèle de mère chrétienne, simple, douce, laborieuse, intelligente et d'une exquise piété ; sa sœur, toute jeune alors, qui lui consacra son cœur et sa vie, et fut pour lui jusqu'au dernier jour d'un dévouement incomparable. Ils étaient heureux tous les quatre lorsque les heures de repas les réunissaient. M. Isaac avait l'humeur gaie et facile, la conversation agréable ; il aimait à se délasser avec les siens par des entretiens utiles et intéressants d'où l'esprit n'était pas absent, car il avait une grande finesse d'observation et du trait ; il mettait ses parents au courant des questions qu'il avait étudiées, leur faisait quelquefois de véritables dissertations sur les difficultés théologiques dont il poursuivait la solution, et comme ils étaient profondément religieux, les choses de la religion avaient toujours leurs préférences. Heures douces et pleines que ces heures passées en famille, et qui apportaient à ces excellents cœurs de saintes joies !

C'était avec ses parents que le jeune curé passait le temps qu'il donnait après le dîner à la récréation. Dans les beaux jours, il se rendait à son jardin, écussonnait les rosiers, s'occupait de ses fleurs et de ses arbres, et, vers deux heures, il se rendait chez ses malades. Il était rentré à quatre ou cinq heures, selon le temps, et se remettait à l'étude jusqu'au souper, qui avait lieu à huit heures. Le soir, il lisait volontiers le journal ; il avait le plus tendre amour de la France, et il s'intéressait vivement aux événements qui préoccupaient le pays. A Fresnoy, le journal n'arrivait que trois fois par semaine, et encore assez irrégulièrement. Le service de la poste en 1837 n'atteignait pas les villages. On distribuait les lettres et les journaux à Londinières, et ils parvenaient par occasion à leur destination. M. Isaac lisait alors l'*Ami de la religion ;* il s'abonna à l'*Univers* dès son apparition et lui demeura toujours fidèle.

Les journées du bon prêtre se ressemblaient toutes. Il se permettait le dimanche, sauf dans l'Avent et dans le Carême, une diversion à sa vie retirée ; il allait dîner le soir chez le maire de Fresnoy, M. Chevallier, devenu son meilleur ami. M. Chevallier était un homme très intelligent ; outre qu'il entendait parfaitement la culture, il avait des connaissances assez variées. M. Isaac apprit de son ami les notions justes et mûries qu'il avait de la science agricole, et qui étonnèrent parfois dans la suite ses interlocuteurs. Il s'était lié aussi avec l'oncle de M. Chevallier, M. Basile Chevallier, qui demeurait à Folny. Le jeune curé allait tous les jeudis célébrer la sainte messe à Folny et déjeunait ensuite avec M Basile Chevallier. La conversation avec un tel homme était pleine d'attraits. M. Basile Chevallier avait fait d'excellentes études avant la Révolution ; il avait assisté aux leçons de La Harpe, de Volney, de Bernardin de Saint-Pierre, et aimait à en parler. Ils échangeaient leurs vues sur la politique, sur l'histoire, sur les questions à l'ordre du jour, et se trouvaient toujours en conformité d'opinions. Les deux MM. Chevallier étaient non seulement de fermes chrétiens, mais ils donnaient tous les nobles exemples. Le maire tenait à honneur d'arriver toujours des premiers à l'office et d'y prendre part en mêlant sa voix à celles du chœur. Il avait une belle aisance et se plaisait à faire le bien ; aussi était-il aimé autant que considéré. M. Isaac n'en parlait jamais qu'avec émotion, et le souvenir de ses bonnes relations, à Fresnoy, avec ses deux amis était l'un des plus doux qu'il aimât à rappeler et à regretter.

Nous devons consigner ici un douloureux événement qui survint pendant le séjour de M. Isaac à Fresnoy. Le 20 juillet 1842, seize moissonneurs occupés, sur la ferme du manoir de Bailly, à couper du seigle furent surpris par un violent orage. La pluie tombant à grosses gouttes, les moissonneurs eurent l'imprudence de se mettre à l'abri sous deux hêtres par groupes de huit. Tout à coup, le tonnerre tomba avec un bruit épouvantable sur l'un des hêtres, blessa assez grièvement cinq personnes et en tua trois autres, deux femmes et un jeune homme. Chose singulière, les galoches des moissonneurs furent déferrées, un pantalon entièrement déchiqueté. Les morts, dit une publication du temps, eurent le corps percé comme avec un glaive. La paroisse apprit ce malheur avec consternation. M. Isaac monta en chaire le dimanche suivant et tira de cette catastrophe un enseignement qui impressionna vivement l'auditoire. Il fit plus, il provoqua l'érection d'une croix de fer à la place où les victimes avaient été foudroyées pour appeler sur elles la miséricorde de Dieu. Les paroissiens accueillirent avec empressement la proposition de leur pasteur ; de là l'origine de la croix de Bailly, qui fut dressée et bénite avec solennité au milieu de l'émotion générale.

Treize années de calme, de zèle, de dévouement apostolique se passèrent ainsi dans cette paroisse pour le bon pasteur. Il avait transformé la population au point de vue religieux. L'assiduité aux offices, leur belle exécution, les pratiques de piété, une instruction solide, la fréquentation des sacrements, étaient le fruit et la récompense de ses efforts. Tous les paroissiens, sauf cinq ou six, faisaient leurs pâques et donnaient à leur curé les plus abondantes consolations.

La Révolution de 1848 vint le surprendre au milieu de la paix de sa vie pastorale. Elle n'apporta aucun trouble à la bonne population de Fresnoy, qui se résigna sans aucun élan aux faits accomplis. Le respect que les pouvoirs publics témoignèrent alors à la religion rassura les esprits. La municipalité, sur des ordres venus du commissaire du gouvernement, se décida à procéder comme partout à la cérémonie de la plantation d'un arbre de la liberté. Elle pria M. Isaac de le bénir, et, suivant l'exemple donné à Rouen par Mgr l'Archevêque, il s'empressa de déférer au vœu de l'autorité locale. Il prononça à cette occasion une allocution qui prouve mieux que toutes les dissertations la bonne volonté du clergé à accepter et à servir tout gouvernement honnête qui respectera sincèrement la liberté :

MESSIEURS,

Ceux qui ont la mémoire du passé peuvent s'étonner de voir la religion consacrer par ses prières la plantation d'un arbre qui réveille des souvenirs sanglants et lugubres. Toutefois, Messieurs, j'ai hâte de vous dire que la religion n'est pas déplacée dans cette cérémonie, car, dans une république qui prend pour devise : liberté, égalité, fraternité, loin que la religion ait à craindre, elle a au contraire à se réjouir de trouver enfin un auxiliaire dans sa mission si laborieuse. Et si vous voulez, Messieurs, me prêter un moment d'attention, je vais vous faire voir qu'une république établie pour le triomphe de la liberté, de l'égalité, de la fraternité, marche parallèlement avec la religion et travaille de concert avec elle au succès des principes de l'Evangile.

Messieurs, nous venons de planter un symbole de liberté, et notre concours et notre présence sont une preuve de notre adhésion à ces trois principes. Nous nous obligeons par là à laisser à chacun sa liberté, à chacun des droits égaux à nos droits, à nous regarder tous comme des frères. Cet arbre est la signature du contrat que nous venons de passer. Si désormais le fort voulait opprimer le faible, si désormais l'ennemi ne déposait ici la vengeance, nous aurions le droit de l'appeler parjure. Mais non, Messieurs, nous resterons unis, toute la commune ne fera qu'une seule famille, et la cérémonie fraternelle d'aujourd'hui ajoutera un lien de plus à la concorde qui règne parmi nous et à la bienveillance mutuelle que nous conservons les uns pour les autres.

Messieurs, pour celui qui n'a point étudié la religion, elle est une école de despotisme et la complaisante du pouvoir. Quelle erreur ! la religion vit sous tous les régimes, elle s'accommode de tous les gouvernements ; elle est monarchique, aristocratique et démocratique, mais elle vit plus à son aise, elle respire plus librement dans une république, parce qu'alors elle est dans sa sphère, dans son élément. Et quand je dis république, Messieurs, j'entends une république avec la liberté, l'égalité, la fraternité.

En effet, Messieurs, que veut la religion ? Elle ne veut pas seulement le bonheur de l'homme dans l'autre vie, elle veut aussi son bonheur dans celle-ci, entendez-vous, mes amis, vous qui portez le poids du jour et de la chaleur, la religion se propose de vous rendre heureux même sur la terre. Vous la regardez sinon comme une ennemie, du moins comme une amie incommode. C'est pourtant à elle que vous devez le bien-être que vous possédez. Car, faut-il vous le dire, Jésus-Christ a été le libérateur du genre humain. C'est lui qui a émancipé tous les peuples ; il a brisé la chaîne de tous les esclaves ; il a élevé la femme, qui n'était qu'une servante soumise à tous les caprices d'un maître brutal, il l'a élevée à la dignité d'épouse. C'est lui qui a enseigné aux princes de la terre que les peuples n'étaient pas faits pour leur plaisir, mais au contraire qu'eux-mêmes n'avaient l'autorité que pour le bonheur des peuples. Entendez son apôtre ; il écrit à Philemon. Onésime, esclave de Philemon, s'est échappé de la maison de son maître ; il fait la rencontre de Paul, et Paul le gagne à Jésus-Christ. Alors, il le renvoie à son premier maître, mais il lui donne une lettre de recommandation : « Recevez Onésime, dit-il à Philemon, recevez-le non

comme un esclave, mais comme un frère bien-aimé. »
Voilà l'esprit de la religion, Messieurs ; elle n'a point
brisé les fers de l'esclave, c'eût été une spoliation, mais
elle a mieux fait ; elle les a déliés. Elle a répandu dans
le monde une doctrine qui a fait voir comme monstrueux
l'état d'esclavage, et elle a préparé ainsi l'émancipation
de tous les malheureux.

Et la doctrine de l'égalité, Messieurs, à qui la devons-
nous ? A la religion, qui soumet tous les hommes aux
mêmes pratiques, qui donne le même baptême au riche
et au pauvre, qui admet au banquet de Jésus-Christ le
sujet à côté du monarque, qui apprend aux grands et
aux petits que tous sont enfants d'Adam, tous rachetés
par Jésus-Christ. N'est-ce pas là un enseignement
public et continuel de l'égalité ? N'est-il point écrit dans
nos livres saints que Dieu ne fait acception de personne
et que ses préférences ne sont ni pour la naissance, ni
pour les richesses, ni pour les talents, mais uniquement
pour la vertu, en sorte que de deux hommes, dont l'un
puissant par sa position, portant le sceptre, si vous
voulez, et l'autre au dernier degré de l'échelle sociale,
c'est sur ce dernier que Dieu arrêtera plus complaisam-
ment ses regards s'il est plus vertueux. Et cette doctrine écrite n'est-elle pas en pratique tous les jours ?
Voyez la composition du Collège apostolique ; c'est
Pierre qui est le chef, et Pierre est un preneur de poissons. Et longtemps il en fut ainsi. Plus tard, les dignités
ecclésiastiques ne furent pas refusées aux grands du
monde, il est vrai, mais comment l'auraient-elles été ?

Les grands ne sont-ils pas nos égaux ? N'ont-ils pas les mêmes droits que nous ? La société ne fait que commencer à comprendre l'égalité ; jusqu'alors elle n'a eu pour maîtres que des hommes de naissance. Ce n'est que d'aujourd'hui qu'elle appelle aux affaires des enfants jusque-là déshérités, mais il y a dix-huit cents ans que l'Eglise lui donne l'exemple de ce qu'elle ne commence que d'aujourd'hui.

Quant à la fraternité, Messieurs, vous ne la contesterez pas à l'Evangile ; elle est la marque essentielle du christianisme. « On reconnaîtra que vous êtes de mes disciples, disait le divin Maître, à l'amour que vous aurez les uns pour les autres. » Et celui qui n'aime pas son semblable, celui qui conserve dans son cœur des sentiments de haine et d'animosité, celui-là se sépare de l'assemblée des fidèles, ou du moins il n'a plus le signe qui le fait reconnaître. Ravivons en nous, Messieurs, ces sentiments de fraternité. Soyons une seule famille de frères. Ayons les uns pour les autres ces sentiments de bienveillance qui font compatir aux douleurs d'autrui et qui viennent au secours de sa misère. Et puisque la république a fait une nouvelle proclamation de ce beau principe de fraternité, que ce soit pour nous un motif et une occasion d'ensevelir dans un oubli éternel l'envie, l'inimitié et la vengeance.

M. Isaac avait pensé souvent à doter la paroisse de Fresnoy d'une église en rapport avec l'importance de sa population. Celle qui servait au culte, réparée à la hâte après la Révolution, était pauvre, sans style, insuffisante. Elle était surtout peu solide. Le chœur, refait en 1823 avec les débris de l'église de Bailly, pouvait durer assez longtemps encore, mais le clocher menaçait ruine et appelait des réparations urgentes. Il avait réussi, avec l'esprit d'économie et de prévoyance qui distinguait son administration, à amasser une somme déjà importante pour commencer les travaux. La Révolution de 1848 lui fit suspendre l'exécution de son projet, qui devait être repris plus tard par M. l'abbé Broquet, son successeur. L'heure allait sonner d'ailleurs où les liens qui l'unissaient à son cher troupeau seraient rompus.

L'autorité ecclésiastique connaissait le mérite de M. Isaac et avait songé déjà à lui confier une paroisse plus importante. Il avait réussi, auprès du vénérable doyen de Londinières, à écarter toute idée de mutation. Ses confrères du doyenné lui étaient attachés, ils estimaient ses conseils et ses lumières, et désiraient autant que les paroissiens de Fresnoy le garder longtemps avec eux. Mgr Blanquart de Bailleul, jugeant le moment venu de confier un doyenné à M. Isaac, lui fit connaître en 1849 sa résolution, en l'appelant à la cure de Clères. M. Isaac n'avait que trente-six ans et se trouvait le plus jeune doyen du diocèse. Cette nomination le surprit, l'effraya et le contrista. Tout son cœur était à Fresnoy. En prêtre soumis à l'autorité, il ne fit aucune représentation et comprima l'expression même de son chagrin. Les paroissiens, bouleversés, tentèrent une démarche à l'archevêché et réclamèrent avec de vives instances le maintien de leur bien aimé curé. Mgr l'Archevêque résista à leurs sollicitations et donna l'ordre à M. Isaac de quitter sur-le-champ Fresnoy pour éviter de plus longues émotions. Il parut en chaire le dimanche suivant et prononça, au milieu des larmes de l'assistance et en retenant à peine les siennes, l'allocution qu'on va lire :

MES FRÈRES,

J'avais demandé de passer avec vous les solennités de Noël, mais Mgr l'Archevêque, tout en regrettant beaucoup de contrarier vos habitudes religieuses, n'a pu me le permettre, et j'ai l'ordre de vous laisser cette semaine, probablement mardi prochain. Ce départ précipité m'oblige à m'éloigner de vous sans vous dire adieu à domicile. Ne le trouvez pas mauvais, mes frères, vous comprenez que cette démarche m'est impossible. J'engage ceux d'entre vous qui auraient quelque chose à réclamer de moi de profiter du peu de temps qui me reste pour venir me parler. Ceux, par exemple, qui m'ont donné des intentions de messe, ceux qui ont déposé en mes mains le produit de leurs pains bénits peuvent désirer savoir si j'ai satisfait à leurs intentions en tout ou en partie, ils peuvent désirer que je remette à mon successeur les intentions que je n'aurais point acquittées ; qu'ils viennent me faire connaître leur volonté, j'attends qu'ils me la manifestent pour m'y conformer. Ceux qui croiront devoir me laisser les intentions qu'ils m'ont données peuvent se reposer sur ma fidélité à remplir mes obligations ; je les acquitterai dans le nouveau poste que la divine Providence vient de m'imposer.

Mon successeur doit arriver cette semaine ; il en a reçu l'ordre de la part de Mgr l'Archevêque. Je ne le connais pas personnellement. On dit qu'il a contre lui d'être de très petite taille. Je vous en préviens d'avance, mes frères, afin que l'impression désagréable que vous pourriez en ressentir soit moins forte. Ce serait d'ailleurs peu raisonnable de faire un crime à un homme de ce qu'il est petit, et j'espère bien que vous ne vous donnerez point ce tort aux yeux de la raison. Ce défaut, l'apôtre saint Paul le possédait aussi et cela ne l'a pas empêché d'être un grand apôtre et le convertisseur des nations. Du reste, j'ai le plaisir de vous apprendre que le curé qui vous est destiné par la Providence rachète ce défaut par mille bonnes qualités : il est pieux, il est doux, il parle bien, il chante bien ; en sorte que si en le voyant vous êtes fâcheusement impressionnés, à peine l'aurez-vous entendu que vous l'aimerez. C'est le témoignage que lui rendent tous ceux qui m'en ont parlé.

Donnez-lui tout d'abord votre confiance et facilitez-lui le bien par un esprit de bienveillance. Si vous êtes bons pour lui, il sera bon pour vous, car je crois que les bonnes paroisses font les bons curés. Reportez sur lui l'amour et la confiance que vous aviez pour moi.

Ce ne serait pas une marque d'attachement pour moi que de témoigner de la froideur à celui qui me remplace. Sans doute, je suis bien aise de vivre dans votre souvenir, et l'isolement qui m'attend me serait bien pénible si je ne trouvais par la pensée une retraite dans vos affections. Mais je ne voudrais pas que ce fût au détriment de votre pasteur, car alors je m'interdirais à tout jamais le retour au milieu de vous.

Maintenant, mes frères, comment vous témoignerai-je la reconnaissance que je vous dois ? Vous avez eu pour moi toutes sortes de bontés et d'attentions. Je suis arrivé tout jeune au milieu de vous ; vous avez supporté le poids de mon inexpérience avec une bienveillance toute paternelle. Plus tard, devenu malade, vous vous êtes intéressés à mon rétablissement, vous vous êtes réjouis de ma guérison. Dans le cours de mon ministère, vous avez bien voulu vous associer à mes entreprises, m'aider quelquefois de vos aumônes pour le soulagement des malheureux. Tout dernièrement encore, vous me donniez une preuve de grand attachement en sollicitant auprès de Monseigneur que je pusse rester avec vous. En un mot, mes frères, tout le temps que j'ai passé avec vous, j'ai été heureux de vous avoir pour paroissiens. J'ai eu sans doute les peines inséparables du ministère, j'ai eu les inquiétudes que donne l'administration des sacrements, mais je n'ai point eu à me plaindre de vous, et en douze ans la paroisse ne m'a pas donné une heure de mécontentement.

Jugez donc combien sont dans l'erreur ceux qui pensent et qui disent que j'ai demandé mon changement. Non, mes frères, à aucune époque je ne l'ai demandé ni songé à le demander, et je serais mort avec vous si vous l'aviez voulu et si l'autorité y avait consenti.

Mais elle en a disposé autrement, et je suis obligé, en vertu de l'obéissance que j'ai promise le jour de mon ordination, d'aller là où je suis envoyé.

Je vais donc, mes frères, mais en vous laissant j'emporte de vous un souvenir ineffaçable. Vous avez eu les prémices de mon ministère, et vous aurez toujours une place dans mes affections et dans mes prières.

Il y a pour moi un grand déchirement dans cette séparation ; mais je n'en veux pas parler, je ne veux pas vous attrister en vous mettant dans le secret de mes peines. J'ai pourtant un regret que je dois vous exposer pour la paix de ma conscience. Il y a longtemps que je suis avec vous ; ai-je fait le bien que je pouvais faire ? ai-je travaillé comme un bon ouvrier de l'Évangile ? n'ai-je jamais mis d'obstacle au succès du saint ministère, soit par négligence ou de toute autre manière ? Hélas ! mes frères, quand je reporte mes regards en arrière, je ne suis pas sans inquiétude sur un passé si vide de bonnes œuvres, et je ne puis m'en consoler qu'en vous demandant humblement pardon du tort que j'ai pu faire à vos âmes n'importe comment ; je ne puis me consoler qu'en espérant que mon successeur saura réparer ce que j'ai pu mal faire, continuer et augmenter le peu de bien qui s'est opéré par mon entremise. Veuillez donc prier pour moi, mes frères, afin que Dieu me pardonne mes négligences, et vous qui avez eu à en souffrir, veuillez me le pardonner aussi.

Maintenant, mes frères, je vous dis à Dieu. Je ne me sers pas d'une expression vide de sens ; oui, à Dieu, c'est à Dieu que je vous recommande, que je vous consacre, vous et vos chers enfants, qui me sont si chers à moi-même et qui m'ont donné tant de consolation ; c'est à Dieu que je vous laisse ; il vous gardera, il vous protégera.

A Dieu, oui, à Dieu ! Que ce soit là notre rendez-vous à tout le monde. Allons à Dieu, allons-y tous ; là, mes frères, nous serons réunis et nous ne serons plus jamais séparés.

Adieu donc, mes frères, adieu. C'est ma dernière pensée, ma dernière parole ; puisse-t-elle produire dans vos âmes des fruits de vie éternelle, que je vous souhaite de toute l'ardeur de mes vœux. Ainsi soit-il.

III

Clères n'était pas en lui-même une paroisse importante, mais c'était un doyenné, un chef-lieu de canton, un bourg habité par des rentiers aisés, à cinq lieues de Rouen, et assez fréquenté dans la belle saison par les propriétaires des châteaux voisins. Il s'y trouvait de bonnes familles et des gens instruits qui en rendaient le séjour agréable. La paroisse n'était pas des plus ferventes, mais l'esprit y était bon et les mœurs douces. Le curé précédent, M. l'abbé Delaporte, nommé à la cure de Saint-Hilaire de Rouen, et depuis chanoine titulaire, était un prêtre édifiant, d'une grande charité, et justement estimé de ses paroissiens. Son départ avait attristé le bourg de Clères. Aussi M. Isaac n'accepta sa succession que par obéissance, et il mit tant d'humilité dans le premier sermon qu'il adressa à ses nouveaux paroissiens qu'il gagna tout d'abord leur estime. Il s'exprima ainsi :

MES FRÈRES,

En commençant l'exercice du saint ministère dans votre paroisse, j'éprouve le besoin de vous demander une sorte de pardon de venir prendre la place d'un pasteur qui possédait à juste titre votre estime et votre affection. Quand j'aurais son dévouement, ses talents, je comprends que vous ne pourriez me voir qu'avec regret tenir la place d'un homme qui avait su gagner vos cœurs. Mais il s'en faut bien que je sois un autre lui-même. La comparaison que vous établirez de lui à moi aura pour résultat de vous faire sentir plus vivement sa perte et le vide que son départ a laissé au milieu de vous.

Je prévoyais tout cela, mes frères ; aussi, dans cette prévision, j'ai voulu décliner l'honneur qui m'était offert. Je désirais, puisque vous deviez être privés de votre pasteur, je désirais que le choix de son successeur tombât sur un autre que sur moi et que la direction de vos âmes fût confiée à des mains plus capables et plus sûres. Mes supplications n'ont point été écoutées, j'ai dû obéir, et me voici, comme un soldat fidèle à la consigne, au poste difficile assigné par mes chefs.

L'humilité avec laquelle je me présente devant vous vous permettra de ne point vous gêner avec moi. Vous pourrez d'abord donner un libre cours à vos larmes, à votre douleur. Je comprends la plaie saignante qui a été faite à vos cœurs ; je ne m'en offenserai point, je ne m'en affligerai point ; au contraire, j'en tirerai un bon augure pour ce que j'aurais à espérer moi-même si un jour je suis assez heureux pour mériter une petite place dans votre estime et dans vos affections.

Que ferai-je au milieu de vous ? Quel bien pourrai-je opérer ? Comment répondrai-je à ce que vous êtes en droit d'attendre de moi ? Mes frères, je ne sais. Si je consulte mes forces, je ne puis rien. Je n'ai pour moi que ma bonne volonté. Mais je puis vous le dire sans ostentation, je dois même vous le dire pour votre consolation, j'ai un grand désir de vous être utile. Je vous appartiens, je veux être tout à vous ; je veux vous consacrer mon temps, mes veilles et mes prières.

Oui, mes frères, si vous le permettez, je me mets au service de vos âmes, je serai tout entier à vos besoins spirituels, et vous me trouverez toujours prêt quand il s'agira de votre salut.

Avec ces dispositions, j'espère, et j'espère d'autant plus que je ne me suis point ingéré de moi-même, je n'ai point désiré ma position nouvelle, je la tiens uniquement de la Providence, qui me l'a donnée par l'entremise de mes supérieurs, et je suis un envoyé dans toute la force du terme. Maintenant donc, que m'importe d'être dépourvu de tous éléments de succès ? Que m'importe mon incapacité, ma faiblesse ? Je suis sous la main de Dieu, et, vous le savez, Dieu se plaît à faire les plus grandes choses avec les plus vils instruments. C'est Judith qui délivra Béthulie, ce sont des pêcheurs qu'il appelle à fonder son Eglise ; il aime à produire de grandes merveilles à l'aide de petits moyens. Il le faut bien, mes frères, puisque nous sommes tellement enclins à méconnaître l'intervention divine que nous donnons tout à l'habileté humaine. C'est pourquoi Dieu se sert de misérables instruments pour obtenir les plus merveilleux résultats, afin que sa main soit visible et qu'on lui rende la gloire qui lui est due. Je serai donc un instrument méprisable, mais dans la main de Dieu je deviendrai peut-être un utile auxiliaire de la Providence, et si le bien s'opère par mon entremise, si ma parole et mes exemples vous font prendre à cœur le salut de vos âmes, chacun reconnaîtra que Dieu y a mis la main ; nous confesserons tous la puissance de la grâce du Rédempteur.

Que je vous dise maintenant ce que je veux être. Je suis envoyé pour vous tous, je me souviendrai que tous vous devez m'être également chers ; je ferai en sorte d'être le pasteur non pas seulement d'une ou de plusieurs maisons, mais de tous les paroissiens ; grands et petits, riches et pauvres ont un droit égal à mon dévouement, ils auront donc une part égale dans mes soins, dans mes affections.

Je dois pourtant quelque chose de particulier aux malades ; leurs souffrances, leur isolement leur rendent la vie plus pénible. Quand vous me les aurez fait connaître, mes frères, je m'empresserai de les visiter et de leur porter les consolations de la religion. La maladie étant une disposition prochaine à la mort, nous devons tous nous efforcer d'arracher les âmes à l'enfer et de les introduire dans la société des saints.

Il est encore une autre classe qui appelle tout le zèle du pasteur. Je veux parler des enfants ; ils sont l'espoir de leur famille comme de la religion. Il importe donc d'épier les premières lueurs de leur intelligence, afin de la bien diriger ; de veiller attentivement, afin d'écarter de leurs âmes les semences de corruption. Déjà, mes frères, vous êtes heureux de pouvoir confier leur enfance à des maîtres qui se sont bien pénétrés de l'importance de leurs fonctions. Je suis heureux moi-même de rencontrer de si utiles auxiliaires dans une mission qui est autant difficile qu'elle est importante et qui demande le concours de tous. Je me ferai un devoir d'avoir pour eux une sollicitude particulière, et ce devoir ne me coûtera guère, car je me suis fait une règle de conduite de cette parole de notre divin Maître : « Laissez venir à moi les petits enfants. » Vivre au milieu d'eux, c'était mon devoir ; sans eux, maintenant, mon ministère me paraîtrait vide et inoccupé. De votre côté, mes frères, vous ne serez pas dispensés de la surveillance, vous continuerez d'être pour eux de bons parents, et nos soins mutuels auront pour résultat, je l'espère, de les faire arriver à la jeunesse armés contre le vice, disciplinés contre les passions.

Enfin, mes frères, la beauté des cérémonies religieuses, qui sont l'expression vivante des sentiments que nous devons porter au pied des autels, a de tout temps été l'objet de la sollicitude pastorale. Je regrette de ne pouvoir moi-même donner de la solennité à nos offices; ils contribuent tant à élever nos âmes vers Dieu. Tout ce qui dépendra de moi, je le ferai; ainsi, je serai exact pour les heures, et je ferai en sorte que rien n'y soit ni trop lent ni trop précipité. J'invite MM. les Chantres, et s'il en est besoin je les supplie au nom de Jésus-Christ, à la gloire duquel ils contribuent tant, je les supplie de venir régulièrement remplir leurs fonctions, et je crois pouvoir leur promettre de la part de Dieu que s'ils laissent quelque bénéfice à faire pour venir glorifier Dieu, que Dieu leur tiendra compte de ce sacrifice.

En un mot, mes frères, je tâcherai de marcher sur les traces de mon honorable prédécesseur, mais je ne le suivrai que de bien loin quand je pense à l'inégalité de nos forces. Il me revient en mémoire une image que saint Jean-Chrysostôme appliquait à saint Paul, apôtre, et à saint Timothée, disciple du même apôtre ; il les représente attelés au même char et traînant par toute la terre le joug de l'Evangile, mais celui-là avec toute la vigueur d'un coursier endurci aux fatigues et celui-ci avec les faiblesses de l'âge et d'une constitution moins robuste. Cette image, mes frères, toute proportion gardée, s'applique à moi-même. Je traînerai moins bien le char de l'Evangile, mais je ferai en sorte que vous ne puissiez vous en prendre qu'à ma faiblesse et non point à ma bonne volonté.

Si j'osais me le permettre, mes frères, je me recommanderais à vos prières. Je prends même la confiance de le faire, puisque vous-mêmes vous êtes intéressés à ce que je sois un prêtre fidèle et dévoué. Je n'aurai pas seul le bénéfice du zèle, une grande part vous en revient. Priez donc avec moi afin que je sois un ministre selon le cœur de Dieu ; plaçons tous ensemble les prémices de mon ministère sous la protection de la sainte Vierge Marie, qu'elle daigne bénir nos efforts, diriger nos pas, aplanir les difficultés et nous conduire à son divin fils Jésus-Christ, qui sera notre juge et le rémunérateur de nos bonnes œuvres durant l'éternité. Ainsi soit-il.

Il recommença à Clères ce qu'il avait fait à Fresnoy ; il se donna tout entier à l'œuvre des catéchismes, à la visite des malades, à la prédication,

au soin des offices. La population, plus froide, plus
réservée que celle de Fresnoy, ne se faisait pas un
besoin du prêtre comme dans nos bonnes paroisses
rurales. Régulière, assidue aux offices, elle ne pous-
sait pas très loin la dévotion. M. Isaac ne se décou-
ragea pas. Avec sa finesse et sa perspicacité, il
s'aperçut vite qu'il était dans un tout autre milieu et
que les cœurs, loin d'aller au-devant de lui, deman-
daient à être conquis. Il ne fut pas sans souffrir,
dans le premier moment, de cette différence de situation. Il avait quitté une population en larmes qui
l'affectionnait profondément ; il avait laissé là les
doux souvenirs des prémices de son apostolat et ces
élans du premier amour qui ne s'oublient jamais ; il
était l'ami de tous, le maître toujours écouté, le père
des âmes dans cette paroisse de Fresnoy qui devait
revenir sans cesse à sa mémoire comme la vision des
jours heureux. Il lutta contre le premier mouvement
de tristesse et voulut, en bon prêtre qu'il était,
gagner les cœurs de ses nouveaux paroissiens. Il
leur adressa, au 1ᵉʳ janvier, une allocution qui est, à
notre gré, un petit chef-d'œuvre du genre par la
simplicité, la bonté, l'esprit de foi et la grâce même
du langage. Il y fait une brève allusion aux tristes
événements et au choléra qui avaient marqué l'année
1849 et dont son cœur avait tant souffert. Rien n'est
plus touchant que cette allocution du jour de l'An, et

rien n'est plus parfait au point de vue des pensées et du style. On y admire principalement ces deux qualités si rares et si exquises que M. Isaac possédait au suprême degré : le naturel et la clarté :

Mes Frères,

Je ne renfermerai point dans le secret de mon âme les souhaits de bonne année que m'inspire le dévouement que je vous dois et que je mets à votre service. Je tiens à vous les exprimer aujourd'hui, surtout que, tout nouvellement arrivé au milieu de vous, j'ai besoin de me concilier votre bienveillance par la déclaration des sentiments d'estime et d'affection dont je suis animé pour vous. Oui, mes frères, croyez à la sincérité des vœux que je forme pour votre bonheur. Je prie notre divin Sauveur de vouloir bien donner sa bénédiction à vos travaux, le succès à vos entreprises, la prospérité à votre commerce; je le supplie d'éloigner de vous les maladies du corps, les chagrins de l'âme, et de prendre sous sa sainte garde chacun de vous et les personnes qui vous sont chères.

L'année qui vient de finir vous a donné bien des sujets d'affliction ; de nombreuses familles sont en deuil, et les autres sont à peine remises de l'épouvante de calamités si soudaines et si douloureuses. Contre les fléaux de Dieu, mes frères, nous n'avons de remède que dans l'humiliation et la prière. Prions donc, mes frères, que l'année qui commence ne nous ramène point de semblables malheurs; demandons même des consolations qui soient une compensation de nos douleurs passées. C'est Dieu qui frappe, mais c'est aussi Dieu qui console; il verra l'amertume de nos regrets et, par l'intervention de la bienheureuse Vierge Marie, il commandera à l'ange exterminateur de remettre le glaive au fourreau.

Tels sont mes vœux, mes frères; et, soutenus par le secours de vos prières, ils seront exaucés, espérons-le.

Si, maintenant, vous vous demandez comment un étranger à peine arrivé d'hier, qui n'a pas encore le bonheur de vous connaître, peut prendre part à vos peines et s'intéresser à votre bonheur, il faut que je vous dise, mes frères, qu'entre les paroissiens et le pasteur il y a une sorte de parenté. Quand on a reçu une mission comme celle qui m'a été confiée, les fidèles auxquels on est envoyé ne vous sont plus étrangers, ce sont des amis, et, si mon âge me le permettait comme mes affections m'y autorisent, je dirais ce sont des enfants bien-aimés. Nos intérêts deviennent donc les mêmes, vos douleurs sont mes douleurs, vos joies deviennent mes joies, et je puis dire avec l'apôtre : *Quis ex vobis infirmatur, et ego non infirmor?* « Qui d'entre vous sera affligé sans que le contre-coup de son affliction ne retentisse jusqu'au fond de mes entrailles? »

A la vérité, je suis nouveau venu, mais j'ai déjà pour vous les sentiments d'un vieil ami, et n'ayant, grâce à Dieu, aucun préjugé ni pour les choses ni pour les personnes, ma bienveillance est universelle et s'étend à tout le monde. Je reconnais que le temps dilatera cette charité, que la réciprocité la rendra plus vive ; mais déjà l'accueil affectueux qui m'a été fait, le bon vouloir qui m'a été témoigné, m'ont inspiré une reconnaissance qui est heureuse de trouver une occasion de se manifester au dehors par les souhaits de bonheur dont j'ai aimé à vous faire connaître l'expression.

Mais là, mes frères, ne se bornent point mes vœux. J'ai parlé plus en ami qu'en pasteur, j'ai tenu plus de compte des intérêts du corps que des intérêts de l'âme, et l'âme, faut-il l'oublier dans un jour surtout qui rappelle si bien la brièveté du temps et l'approche de l'éternité ? Une année vient de finir ; nous sommes-nous aperçus de son passage ? Le jour a succédé au jour, et parce que le suivant ressemblait au précédent, le temps nous a fait avancer d'un grand pas vers le tombeau, presque à notre insu. Y songeons-nous, mes frères, voilà une année qui doit s'ajouter aux années que nous avons vécues, mais, hélas ! qui doit se retrancher des années que nous avons à vivre ?

A quoi nous en apercevons-nous ? A quelques rides qui sillonnent nos fronts, à quelques infirmités qui ôtent la souplesse à nos membres et aux vides nombreux qui se sont faits dans nos rangs. Mais tout cela est arrivé successivement, jour par jour, et cette succession ne nous a pas laissé voir les larcins que le temps nous faisait, ne nous a pas laissé sentir le poids des années qui s'ajoutait insensiblement au fardeau qui doit bientôt nous écraser.

Il est donc vrai que nous approchons de l'éternité,

que nous y touchons peut-être, et que nous y sommes arrivés sans y avoir pensé. Nous avons vécu dans une sécurité pleine, entière; nous nous sommes crus autorisés dans nos négligences, dans l'oubli de nos devoirs, par la perspective d'un long avenir, absolument comme si nous disposions du temps. Ne reconnaîtrons-nous pas enfin que le temps nous échappe, qu'il est insaisissable, qu'il fuit, qu'il fuit toujours, et qu'en ce moment où nous le considérons, nous ne pouvons pas même l'arrêter pour le voir en face, puisque l'instant où je vous parle est déjà loin de celui où vous m'entendez.

Non, ce n'est point quand une force si irrésistible, si impétueuse, nous pousse dans l'éternité, qu'il peut être permis de s'endormir sur les intérêts de son âme. Éveillons-nous d'un long et dangereux assoupissement. Placé en sentinelle par la divine Providence pour vous signaler le péril, je vous annonce à tous que pour plusieurs l'action décisive aura lieu cette année, que plusieurs auront à soutenir le grand, le dernier combat. Il ne faut pas être prophète pour parler avec cette assurance; ici le passé répond de l'avenir, et ce qui est arrivé constamment arrivera inévitablement.

Quel est celui d'entre nous qui ouvrira cette marche funèbre? Quel est celui d'entre nous dont le convoi se dirigera le premier au séjour de la mort? La première victime du trépas sera-t-elle choisie dans la vieillesse, dans l'âge mûr, dans la jeunesse, dans l'enfance? Sera-ce vous, mes chers frères, qui m'entendez? Sera-ce moi, qui vous parle? Je l'ignore, c'est un secret que Dieu s'est réservé. Mais, dans cette incertitude, que faire ? Chasser cette pensée comme importune, éloigner cette idée qui répand de l'amertume sur toutes nos jouissances, comme si la mort devait nous oublier parce que nous l'oublions ? A Dieu ne plaise, mes frères, que nous usions d'un remède qui ne remédie à rien. Puisque nous ne savons qui sont ceux qui recevront l'ordre du départ, c'est à chacun de nous de se considérer comme étant exposé à entendre la voix de Celui qui met un terme à la vie, c'est à chacun de nous de rentrer dans sa conscience afin de la préparer aux investigations du souverain juge.

Donc, mes frères, en commençant cette nouvelle année, commençons une vie nouvelle, une vie non seulement exempte de péché, mais encore remplie de bonnes œuvres. Daigne le Seigneur vous inspirer cette salutaire résolution, vous soutenir dans cette glorieuse entreprise, qui ne manquera pas de réussir si vous recourez à la protection de Marie. Pour attirer sur vous cette bénédiction, je termine par la prière de l'apôtre : Que Dieu le Père et Jésus-Christ notre Sauveur vous donnent la grâce, la miséricorde et la paix ; la grâce pour vous aider, la miséricorde pour vous pardonner, la paix comme une récompense de vos sacrifices et un avant-goût du bonheur que vous attendez dans le ciel. Ainsi soit-il.

Le bon pasteur entreprit sa tâche avec résolution et dévouement, et voulut faire visite à tous ses paroissiens. Comme à Fresnoy, il cultiva avec soin les enfants, et il eut de ce côté de profondes consolations. L'instituteur était bon, la classe des filles était dirigée par une religieuse accomplie qui a laissé dans le pays les plus précieux souvenirs. M. Isaac excellait dans la préparation des enfants à la première communion. Celles de Fresnoy étaient si belles, si consolantes, que les habitants encore vivants en ont gardé la douce et impérissable mémoire. Celles de Clères ne sont pas moins mémorables. Quelle piété le zélé pasteur savait inspirer à ses enfants ! Quel intérêt il donnait à ses catéchismes, quel attrait à ses retraites, quelle douce solennité à la cérémonie de la première communion !

Quelles belles âmes il a su former dans cette jeunesse de Clères ! L'une d'elles, devenue supérieure d'un monastère exemplaire, déposera plus loin en faveur de celui qui fut la lumière, le guide et l'appui de sa vie. C'est à élever, à diriger quelques natures d'élite, qu'il appliqua ses efforts, ne pouvant atteindre la masse réfractaire aux élans de son zèle. Doux, calme, résigné, il déplorait, dans le secret de son cœur, la torpeur et l'indifférence de nombre d'honnêtes gens qui se contentaient de respecter la religion sans aller jusqu'à la pratique des devoirs spirituels qu'elle impose. Jamais il ne fit sentir la moindre amertume dans ses paroles, et entretenait avec ses paroissiens les rapports les plus bienveillants. Il voulut essayer de l'influence d'une mission, qu'il confia au R. P. Delor, de la Compagnie de Jésus. Elle servit à affermir les bons, à accroître la piété des fervents, elle ne réussit pas à guérir entièrement la plaie de l'indifférence. Il n'en continua pas moins son œuvre et sa vie d'apôtre. On le voyait visiter fréquemment les malades, rechercher toutes les occasions d'instruire en particulier ses paroissiens, redoubler de zèle dans la préparation de ses sermons. Quels prônes pleins de doctrine, de délicatesse, d'onction pénétrante il a faits, chaque dimanche, dans sa paroisse de Clères! Les étrangers, parmi lesquels se trouvèrent parfois des littérateurs délicats, en étaient étonnés et ravis. « Comment, disaient-ils, un tel homme est-il oublié dans un poste si modeste? » Lui, qui était l'humilité même, se croyait, voyant son peu de succès, inférieur à sa tâche.

Il menait sa belle vie uniforme. Levé de grand matin, il passait, comme à Fresnoy, les premières heures du jour dans son église. Il montait ensuite à sa chambre, simplement et pauvrement meublée, et se mettait au travail. Après l'Ecriture, il lisait les Pères. Il a lu ainsi, à Clères, à notre connaissance, tout saint Augustin, dont le génie profond et universel le jetait dans une admiration sans cesse grandissante ; saint Ambroise, son patron, qu'il affectionnait singulièrement ; saint Jean-Chrysostôme, dont il aimait à citer dans ses prônes de nombreux passages. L'après-midi, il s'occupait plus volontiers d'histoire, de géographie, de sciences économiques et agricoles ; il reprenait aussi les maîtres de notre langue, Bossuet, Fénelon, Pascal, de Maistre, et parfois les anciens. Il connaissait parfaitement la langue latine, ayant aimé de tout temps à former des élèves qui tous lui font honneur, les uns dans le sacerdoce, les autres dans le monde. Une fois dans sa chambre, il ne perdait jamais un instant. On ne peut se faire l'idée du nombre et du fruit de ses lectures pendant les douze années de Fresnoy et les dix ans de Clères, et cela avec une suite invariable et une application ininterrompue. Il ne passait pas moins de six heures par jour à ce travail solitaire ; aussi, son savoir était immense ; mais son humilité, sa défiance de ses propres forces, son aversion pour la publicité lui faisaient concentrer en lui-même les trésors qu'il avait ainsi patiemment amassés. Ceux-là seuls qui, comme nous, ont vécu dans son intimité, peuvent témoigner de l'étendue, de la sûreté, de la variété de ses connaissances. Il savait l'Ecriture par cœur, il avait approfondi les principales questions d'exégèse et de théologie, il connaissait l'histoire ecclésiastique et celle de la France autant qu'homme du monde, il n'était étranger à aucune des questions d'économie politique et sociale qui s'imposent aujourd'hui à tout esprit cultivé. Cette science si vaste et si solide devait lui servir dans les conférences ecclésiastiques instituées par le concile de 1850. Le doyenné de Clères se distingua en effet, dès les premiers jours, par ses rapports et ses procès-verbaux. Sous l'impulsion et la direction de M. Isaac, les travaux des conférences furent si sérieusement traités que le doyenné résolut de les faire autographier. Ils sont là sous nos yeux, ces cahiers volumineux qui attestent un labeur considérable et le mérite de celui qui en était l'âme. Feuilles mortes, que nul ne lira désormais ! Tristes témoignages du peu que nous sommes, nous et nos œuvres ! Du moins, le zèle qui vous a fait éclore mérite d'être rappelé et proposé en exemple.

M. Isaac était un doyen modèle. Ses rapports avec les prêtres du canton étaient aimables et doux. Il tenait la porte de sa maison largement ouverte à ses frères dans le sacerdocé, et surtout celle de son cœur. Nous le dirons plus loin, car ce fut un des traits les plus caractéristiques de sa belle vie, ce prêtre aimait les prêtres. Son action dans le doyenné de Clères, pour avoir été restreinte, n'en confirme pas moins cette assertion. Il se préoccupait des peines, des besoins, des intérêts des curés ses confrères, se mettait en toutes rencontres à leur service, et leur donnait, avec ses conseils et ses encouragements, toutes les preuves d'affection. Il se trouvait bien au milieu d'eux.

Dans ce temps-là, M. Isaac était gai, enjoué même, lorsqu'il recevait à sa table ses confrères. Il aimait à mêler aux mets qu'il servait des traits d'esprit, des anecdotes agréables, estimant qu'il fallait, quand on recevait des convives, faire la toilette de son esprit comme on faisait celle de sa maison. D'ailleurs, dans l'intimité, c'était un causeur charmant. Il voyait beaucoup, à Clères, un vieillard des plus spirituels, M. Toutain, qui avait fait ses études avant la Révolution et qui avait traversé les événements les plus terribles et aussi parfois les plus bizarres pendant la tourmente. Sa carrière avait été ensuite assez mouvementée, et il s'était trouvé mêlé à bien des hommes et des choses dont il parlait avec un vif intérêt. Il aimait la société et l'entretien de M. Isaac, dont il appréciait l'esprit et l'érudition.

M. Isaac avait en singulière estime les cultivateurs et les travaux des champs. Son goût pour l'agriculture s'était développé à Fresnoy dans la société de M. Chevallier, qui passait à bon droit pour l'un des hommes les plus entendus dans cette science si utile, et il avait lu plusieurs ouvrages qui en traitaient. Aussi, quand le Comice agricole vint tenir à Clères l'une de ses premières sessions, le doyen accepta l'invitation qui lui fut adressée d'assister à ses opérations. Au banquet qui termina le Comice, il prononça l'allocution suivante, couverte par les applaudissements de l'auditoire :

MONSIEUR LE PRÉSIDENT,
MESSIEURS LES MEMBRES DU COMICE,

Je voudrais payer ma bienvenue et vous remercier de l'accueil que vous daignez me faire. Je vous suis surtout reconnaissant d'avoir jugé que je m'associais à la pensée de votre Concours. Oui, certes, nous voulons le progrès, le progrès partout, mais surtout le progrès dans l'agriculture, parce que l'agriculture est la nourrice de l'homme. Pâturage et labourage sont les deux mamelles de la France, pour citer des paroles vraies autant qu'honorables aux cultivateurs.

Nous applaudissons donc aux efforts que vous faites pour la faire progresser. Le suffrage d'hommes aussi compétents que MM. les membres du Comice doit être d'un grand prix pour celui qui l'obtient. Vos récompenses, distribuées avec tant de solennité, doivent soutenir le cultivateur dans ses pénibles travaux et le domestique dans sa fidélité et son attachement à ses maîtres. Et, à n'en pas douter, la gloire des lauréats d'aujourd'hui inspirera à ceux qui en sont les témoins un zèle d'émulation qui disputera. plus chaudement encore les couronnes futures. Votre Concours doit donc avoir d'heureux résultats.

Mais il en a dès aujourd'hui, car il établit entre les ouvriers du progrès des relations bienveillantes qui provoquent un échange d'idées pratiques, de communications mutuelles qui livrent les secrets de l'expérience aux moins avancés, avides de les recueillir et empressés d'en faire leur profit.

Mais, après ce témoignage rendu à votre zèle, qu'il me soit permis d'indiquer, à mon point de vue, le principal élément du progrès. Il y a un vieux proverbe qui dit : « Tant vaut l'homme, tant vaut la terre. » Les méthodes, sans doute, sont un moyen excellent, mais ce qui vaut mieux que les méthodes, c'est la bonne volonté. Aussi, Messieurs, le progrès dépend-il principalement du zèle des travailleurs.

Un maître qui aurait de bons domestiques, des domestiques travaillant dans un but commun, soignant leur département comme leur affaire personnelle, ce maître obtiendrait des résultats merveilleux. Préposez donc un domestique de ce genre à la garde des écuries, des étables, des bergeries, à la culture, à la surveillance des greniers, à l'aménagement des engrais, et imaginez ce que devient une exploitation ainsi travaillée avec de tels domestiques. Rien ne se perd et tout est mis à profit, deux choses si importantes dans une exploitation agricole.

Je suis heureux de voir que ces idées sont les vôtres et que vous tournez vos efforts de ce côté. Oui, améliorons les hommes plutôt que les méthodes, si les deux choses ne pouvaient pas aller ensemble. Le travail et le soin suppléeront aux procédés savants plutôt que ceux-ci à ceux-là.

C'est pourquoi, Messieurs, je regarde la partie de votre Concours qui récompense les domestiques comme la plus utile. Gloire aux autres lauréats, ils ont bien mérité leurs lauriers. Mais accordons spécialement notre estime, notre bienveillance aux bons domestiques; stimulons leur zèle et leur fidélité par l'intérêt que nous leur porterons. Ils sont les instruments indispensables du progrès, car tant vaut l'homme, tant vaut la terre.

Une autre solennité, d'un caractère plus auguste et plus doux, devait, à quelque temps de là, mettre sur pied toute la population de Clères. Mgr Blanquart de Bailleul, archevêque de Rouen, vint, en 1854, y administrer le sacrement de confirmation. Le prélat fut reçu avec tous les honneurs dus à sa haute dignité, relevée encore, comme on sait, par l'éclat des plus éminentes vertus.

M. Isaac lui adressa l'allocution qu'on va lire, et où il fait une délicate allusion à l'état de santé du vénérable pontife, déjà compromise par les fatigues et les sollicitudes du plus laborieux ministère. Il n'y dissimule pas non plus ses propres peines de pasteur et de père à la vue du peu de fruits de son ministère dans la paroisse. On ne peut se défendre, en entendant les accents de l'homme de Dieu, d'admirer sa profonde humilité. C'est lui-même qu'il accuse de la stérilité de son zèle, et en quels termes délicats et touchants ! Les saints seuls savent parler ce langage :

MONSEIGNEUR,

Nous saluons avec un profond respect, une vive reconnaissance et un grand sentiment d'espérance votre présence au milieu de nous.

Le premier pasteur est, à nos yeux, l'homme de Dieu par excellence, un apôtre, et, s'il nous était permis de proclamer tout haut une vérité que chacun avoue tout bas et que vous seul contesteriez, Monseigneur, nous dirions qu'ici l'illusion est bien facile, puisque nous retrouvons aujourd'hui les vertus et le zèle de nos premiers pères dans la foi. C'est donc sans efforts, c'est naturellement, c'est spontanément que nous déposons aux pieds de Votre Grandeur le témoignage de notre profonde vénération. Nous aimons à rendre cet hommage à celui que notre estime élève aussi haut que sa dignité et ses vertus.

Au respect, nous joignons la reconnaissance. Nous sommes touchés de ce dévouement qui se donne sans réserve et peut-être, si nous osions le dire, sans mesure. Nous voyons que ces tournées apostoliques prennent sur une santé qui nous est trop précieuse pour n'en pas craindre le dépérissement. Nous lisions dernièrement aux fidèles, dans l'Evangile, que le bon Pasteur donne sa vie pour ses brebis. Aujourd'hui, ils n'ont plus besoin de l'entendre pour le savoir; il leur suffit d'ouvrir les yeux. Ce ne sont pas les années; c'est la sollicitude pastorale qui a entamé cette santé jadis plus florissante. Et pourtant, Monseigneur, tant il y a d'égoïsme au fond des sentiments les plus purs, le repos qui serait nécessaire à des courses si laborieuses et si fatigantes, nous le craignons, parce qu'il retarderait ces visites où nous avons le bonheur de vous voir et de vous entendre.

Mais j'ai tort de parler d'égoïsme. Nous vous désirons, Monseigneur, parce que votre présence nous fait du bien. Votre Grandeur ne sait que trop les peines qu'on rencontre dans le saint ministère. Ah ! qu'il est difficile de conquérir les âmes ! de soumettre les intelligences à la vérité, mais surtout les cœurs à la pratique du bien ! Nous sommes tenté quelquefois de nous plaindre de l'indocilité qui nous accueille, de la force d'inertie qu'on nous oppose... Mais un père doit plutôt excuser que divulguer les défauts de ses enfants. Le silence vaut donc mieux que l'indiscrétion. D'ailleurs, il y a en nous assez d'obstacles au bien pour que nous ne nous en prenions qu'à nous-même de notre insuccès, et nos travaux ne sont peut-être stériles que parce que Dieu a le droit de nous dire comme au pécheur : *Quare tu enarras justitias meas.* Mais, nous l'avouons, nous sommes découragé en voyant que la rosée céleste ne fertilise pas notre culture.

Aussi, Monseigneur, sommes-nous heureux de votre arrivée, car c'est déjà pour nous un grand soulagement de déposer nos craintes et nos tristesses dans le cœur du premier pasteur, et puis nous serions bien ignorant si nous ne savions pas que le serviteur n'a pas le pouvoir du maître. C'est en vain que Giézi rappelait l'âme de l'enfant de la Sunamite ; il ne fut donné qu'au prophète Elizée de rendre l'enfant vivant à sa mère.

Ici, bien des mères devraient pleurer le trépas de leurs enfants. Votre indigne serviteur a travaillé infructueusement à réveiller leurs âmes. Laissez-nous espérer, Monseigneur, que votre présence saura enlever des obstacles jusque-là insurmontables, que vos prières aplaniront des difficultés au-dessus de nos forces. L'expérience nous a appris que les cœurs seront édifiés et touchés à la vue du premier pasteur, et tous, non seulement ceux qui recevront l'onction sainte, mais tous ceux qui auront seulement le bonheur de le voir et de l'entendre, s'en retourneront confirmés.

Ce sont là, Monseigneur, les motifs de notre espérance. Que l'humilité ne vous suggère aucune parole qui viendrait la diminuer. Laissez-nous une conviction qui nous est chère, et qui n'est pas seulement d'accord avec la vérité, mais aussi avec le respect que nous devons à Votre Grandeur et avec la foi qui nous fait contempler dans votre personne la vivante image du divin Maître, dont vous êtes le représentant.

Mgr l'Archevêque combla des marques de son estime et de son affection le bon doyen, qui puisa dans cette visite et ses bénédictions une ardeur nouvelle. Il établit une archiconfrérie de la Sainte-Vierge reliée à celle de Notre-Dame-des-Victoires, et il eut la joie de voir un grand nombre de jeunes filles répondre à son appel. Les conférences du dimanche soir en prirent une plus grande importance, et à voir ces pieuses et aimables réunions, on eût pu se croire dans une paroisse des plus ferventes. Nous devons dire que le désir du mieux dérobait peut-être à ce bon prêtre le spectacle du bien qu'il opérait à Clères. Plusieurs familles excellentes donnaient l'exemple d'une dévotion aussi vive qu'elle était sérieuse et profonde. Jamais un seul malade ne mourait sans s'être réconcilié à l'heure suprême avec le Dieu dont il avait négligé le service et sans couronner les efforts du pasteur par la réception des derniers sacrements. La grand'messe du dimanche était bien fréquentée ; les offices dignement célébrés. L'église de Clères se prêtait peu, par son absence de style, aux restaurations archéologiques ; elle était d'ailleurs propre, spacieuse, suffisamment ornée. La fabrique avait des ressources bien modestes, et M. Isaac se bornait à ajouter au mobilier nécessaire, sans entreprendre des travaux d'embellissement que l'état des finances paroissiales ne permettait pas à cette époque. Il s'ingéniait toutefois à décorer son église, dont il dora lui-même les autels. Il façonna de ses mains, dans ses heures de récréation, des lustres en perles de cristal qui sont encore suspendus dans la nef. Ces quatre lustres sont un touchant témoignage du dévouement de ce bon prêtre, qui consacra de longues heures à ce pieux et patient travail. Comme à Fresnoy, il gérait les finances de la fabrique avec un tel ordre et une si sage économie qu'il en augmenta notablement les revenus et laissa à son successeur une situation relativement prospère.

De tout temps, ce bon prêtre aima à instruire. Il se plaisait, à la table du presbytère, à expliquer à ses parents les vérités et les cérémonies de la religion, l'objet des fêtes, le symbolisme de la liturgie. Ils avaient fait leur première communion tous deux dans une grange pendant la Révolution, et avaient bien des choses à apprendre de leur fils. Ses entretiens étaient pour eux la joie de la journée. Il eut presque constamment des élèves, qui sont devenus les uns des prêtres édifiants, les autres des laïques distingués. Nous les citons ici ensemble, bien qu'ils appartiennent à différentes époques de la vie de leur digne maître. N'étant encore qu'élève du séminaire, il donna les premiers éléments de la langue latine à M. Lallouette, qui lui fit le plus grand honneur, puisqu'il est devenu plus tard licencié ès-lettres et professeur de rhétorique à l'institution ecclésiastique d'Yvetot ; à Fresnoy, il éleva M. Gabriel de Bois-Hébert, qui porte si dignement son nom, l'un des plus anciens de notre pays ; M. l'abbé Isaac, aujourd'hui curé-doyen d'Envermeu ; M. l'abbé Creton, curé de la Chaussée ; M. Gofestre, pharmacien à Darnétal ; à Clères, M. l'abbé Anatole Loth, curé de Notre-Dame du Pollet de Dieppe ; M. Toutain, fils de son vieil ami; à Caudebec, M. Roussel, M. l'abbé Lerouge, vicaire de Caudebec-lès-Elbeuf, et M. l'abbé Palier, vicaire de Notre-Dame de Bonsecours ; et d'autres encore, morts dans la fleur de l'âge avant d'avoir pu donner les fruits qu'ils promettaient. Les labeurs qu'il s'imposait pour former ces jeunes gens ne lui coûtaient pas ; ils variaient ses propres études. Ceux qui n'ont cessé de vivre à ses côtés ne croient pas qu'il ait jamais perdu une demi-heure dans sa vie. Non seulement l'oisiveté lui était chose absolument inconnue, mais même les quelques moments de récréation qu'il prenait avaient un but utile. Il n'a fait que trois voyages assez courts dans sa vie, et dans des vues surnaturelles.

Mgr de Bonnechose, à peine arrivé sur le siège de Rouen, voulut connaître personnellement ses doyens, et prit de M. Isaac une idée si juste et si favorable qu'il voulut lui confier une paroisse plus digne de son mérite. Il l'appela, en janvier 1859, à la cure de Caudebec-en-Caux, vacante par le départ de M. Buisson, nommé curé-doyen de Saint-Jean d'Elbeuf. M. Isaac, informé des intentions de Monseigneur, s'inclina et obéit. On trouvera l'expression de tous ses sentiments dans le dernier sermon qu'il adressa à ses paroissiens de Clères, page admirable qu'il faut lire avec attention si l'on veut connaître M. Isaac tout entier. Il y est d'une sincérité, d'une pieuse austérité, d'une tendresse et d'une humilité que tout commentaire affaiblirait. C'est le pasteur qui ouvre tout son cœur à son troupeau, et s'il ne le flatte pas, s'il ne dissimule pas ses tendres reproches, on sent l'affection et la foi profondes qui les inspirent :

MES FRÈRES,

Les bruits qui ont circulé sur mon départ, faux dans le principe, se trouvent vrais aujourd'hui, et je viens maintenant vous en donner l'avis officiel. En me séparant de vous, j'ai besoin de vous exposer les motifs de cette séparation, afin qu'elle ne soit point interprétée d'une manière défavorable pour moi, car, en vous laissant, je tiens à emporter votre estime, et j'ose me flatter de l'avoir méritée jusqu'à la fin.

Il y a plus de neuf ans que j'exerce le saint ministère

au milieu de vous. De quelle utilité ai-je été à vos âmes?
Ai-je ramené à la pratique de la religion ceux qui en
étaient éloignés? Ai-je même maintenu dans la bonne
voie tous ceux que j'y ai trouvés, tous ceux qui, grâce
au zèle de mon prédécesseur, y marchaient d'un pas
délibéré? Parmi les enfants qui ont passé dans mes
mains, et qui sont devenus aujourd'hui la jeunesse et
qui vont bientôt devenir la génération virile et agis-
sante, en est-il beaucoup qui donnent des espérances à
la religion? Vous comprenez, mes frères, que je dois me
poser toutes ces questions, car toutes ces questions
seront la matière du jugement que j'aurai à subir au
tribunal de Notre-Seigneur. Je serais un ouvrier infi-
dèle si je ne me préoccupais pas de cette responsabilité.

Or, mes frères, je ne sais si des scrupules de conscience me font voir les choses en noir ; la réponse à
toutes ces questions me donne des inquiétudes et me jette
dans un trouble qui, bien souvent, m'a fait désirer
d'être déchargé du lourd fardeau des âmes, afin de
n'avoir qu'à travailler à ma propre sanctification. En
effet, mes frères, j'ai dû constater les faits suivants,
parce qu'ils sont visibles. Le repos du dimanche n'est
pas beaucoup mieux observé ; plusieurs travaillent toujours sans scrupule. La messe et les autres offices ne sont
pas assez fréquentés ; il y a parfois dans le lieu saint un
vide désespérant. Les jours d'abstinence ne sont pas plus
observés. Si les communions sont plus nombreuses, quelques-uns y apportent des dispositions tellement douteuses

qu'on ne sait trop s'il faut s'applaudir du progrès ou s'il ne vaudrait pas mieux que Notre-Seigneur fût laissé au fond de son tabernacle que d'être livré à des chrétiens dont on ne peut dire s'ils sont amis ou ennemis. Les œuvres de piété sont trop souvent négligées. Ainsi, la messe de la semaine n'a qu'un bien petit nombre d'habitués. L'archiconfrérie, sur laquelle je fondais des espérances pour réveiller la ferveur, est trop peu fréquentée ; on a mis assez d'empressement à donner ses noms, mais la plupart des associés ont omis de retirer de mes mains les statuts de l'œuvre, de manière qu'ils ne connaissent ni les obligations ni les avantages d'une association qui partout réveille la piété. Les catéchismes sont parfois abandonnés, non-seulement de la jeunesse, mais même des enfants, qui n'attendent pas même l'époque de la rénovation pour fuir les instructions du dimanche. Un esprit d'indifférence et même de dégoût pour les choses de la religion gagne tellement la génération qui s'élève que nous avons à peine des enfants de chœur pour nos cérémonies, et, pour peu que cela dure, on aura de la peine à trouver des hommes de bonne volonté pour chanter les offices.

En vous signalant tous ces faits, je n'ai pas l'intention, croyez-le bien, de vous faire des reproches. Je ne choisirais pas un jour comme celui-ci pour vous les adresser. Mais cependant, pour ne pas perdre votre bienveillance, je ne dois pas trahir les droits de la vérité. Je constate ce que vous voyez comme moi. Mais, pour moi, je ne puis considérer tout cela comme un simple témoin. Tout cela me regarde de plus près ; j'en ai la responsabilité. Alors, j'ai dû me demander si j'étais bien l'homme de la situation ; si c'était moi dont Dieu voulait se servir pour relever les ruines d'Israël et pour édifier et embellir la maison spirituelle ; si même je n'étais pas un obstacle au bien, soit par inexpérience, soit par un excès de sévérité ou d'indulgence. Oui, bien souvent je me suis demandé si je ne laissais pas dépérir l'œuvre de Dieu dans mes mains, si je n'empêchais pas le bien. Vous pourriez ne pas comprendre ces inquiétudes, mais elles sont bien naturelles à un prêtre qui a charge d'âmes, car, au jugement, Dieu nous demandera compte de toutes les âmes de nos paroissiens, et si quelqu'une s'est perdue par notre faute, il faudra répondre âme pour âme.

C'est au milieu de ces perplexités qu'il m'est arrivé une proposition pour une autre paroisse, et tout d'abord j'ai eu cette pensée, c'est que peut-être cette proposition était providentielle et que Dieu m'appelait sur un autre théâtre et me proposait de travailler à une autre vigne. Mais j'ai senti en même temps se réveiller toute l'affection qui m'attachait à cette paroisse. Il m'a semblé que toutes les âmes avec lesquelles je suis entré en relations m'adressaient la parole pour me dire : « Est-ce que vous voudriez nous laisser ? Est-ce que vous seriez insensible à l'attachement que nous avons pour vous ? » A ce souvenir, je me suis trouvé tiraillé en deux sens, disposé à partir dans la crainte de ne vous être point utile, disposé à rester pour ne point affliger ceux qui ont la bonté de me regretter. Dans cette perplexité, j'étais bien incapable de prendre un parti, et, à la fin des deux jours de réflexion qni m'avaient été donnés, j'ai dû dire à Mgr l'Archevêque que je ne savais prendre une détermination et que je lui remettais à lui-même la décision de l'affaire. Après lui avoir allégué mes objections contre mon changement, c'est alors que Monseigneur m'a dit que ma nomination était sa décision et que je partirais. A cette réppnse, mes perplexités ont cessé, parce qu'il y avait commandement. Je me suis rappelé une promesse que j'ai faite le jour de mon ordination, promesse que voici. L'évêque consécrateur, me prenant les deux mains dans les siennes, suivant la rubrique du pontifical, m'adressa ces paroles : « *Promittis mihi et successoribus meis reverentiam et obedientiam.* » Et je répondis de grand cœur : « *Promitto.* » « Me promettez-vous, à moi et à mes successeurs, le respect et l'obéissance ? » Et je répondis de grand cœur : « Je le promets, *promitto.* » Avec la grâce de Dieu, je n'ai jamais manqué à cette promesse, et le souvenir de mon obéissance m'a soutenu dans les peines du saint ministère. En voyant la stérilité de mes travaux, j'ai dit souvent à Notre-Seigneur : « Je suis au poste où vous m'avez placé. Si c'est votre volonté que j'y reste, je le veux bien, et très volontiers ; si c'est votre volonté que je cède la place à un autre qui fera plus de bien que moi, quoiqu'il m'en coûte, je le veux bien encore, car, pour le salut de mes paroissiens, je suis disposé à tous les sacrifices. »

Quand on est dans ces sentiments, et je plaindrais celui qui n'y serait pas, vous comprenez que la voix de l'évêque est un commandement auquel on se fait un devoir d'obéir. Plusieurs parlent d'inamovibilité ; ils pensent que je pouvais profiter du bénéfice de cette position inamovible. Il est permis aux personnes du monde d'avoir ces pensées, mais pour moi, je me croirais sorti de la voie si je contrariais les désirs du premier pasteur. Ma promesse d'obéissance m'ôte tout à fait la ressource de me prévaloir de mon inamovibilité. Je suis venu au milieu de vous sans vous connaître, parce qu'on m'y a appelé ; je vous laisse pour aller ailleurs, sans connaître davantage le nouveau poste qui m'est assigné, parce qu'on m'y envoie. Ce n'est donc pas, croyez-le bien, aucun motif de préférence, aucun motif d'intérêt, aucun désir de bien-être qui me font vous laisser. Non, mes frères, le seul motif, c'est l'obéissance ; je m'en vais comme je suis venu ; je suis venu par obéissance, c'est par obéissance que je m'en vais.

Mais cela ne veut pas dire que cette séparation me soit indifférente et que je vous laisse sans regrets. Je serais ingrat et sans cœur s'il en était ainsi. Les rapports que j'ai eus avec vous ont été empreints de trop de bienveillance pour que je ne fusse point attaché à vous. Je vous dois et je vous rends ce témoignage que vous avez toujours été bons pour moi.

Entre le pasteur et les ouailles, il se forme nécessairement une multitude de liens. Vous voyez quelquefois une vigne étendre ses longs bras sur la façade d'une maison et tapisser toute la muraille ; que de petits liens l'attachent à la paroi qui la porte, quoiqu'aucun de ces liens ne soit infrangible. Cependant, la multiplicité de ces liens forment une puissante ligature qui défie tous les efforts. C'est là l'image de l'attachement d'un pasteur à ses paroissiens ; c'est là surtout l'image de mon attachement pour vous, car je tiens à chacun de vous par un lien particulier : à celui-ci, parce que je l'ai baptisé ; à celui-là, parce que je lui ai fait faire sa première communion ; à cet autre, parce que je l'ai conjoint en mariage, ramené au bien ; à un autre, parce que je l'y ai affermi ; à d'autres, parce que je les ai consolés ou bien parce qu'eux-mêmes m'ont rendu service, ou enfin parce qu'ils ont de l'affection pour moi. Aujourd'hui qu'il faut briser tous ces liens, ah ! il me faut souffrir une grande violence. C'est un déchirement pénible qu'il me faut éprouver.

Je devrais peut-être avoir un autre regret, celui d'avoir fait de la peine à quelqu'un d'entre vous. Il n'est pas dans mes souvenirs d'avoir jamais eu cette intention. Non, mes frères, je puis me rendre ce témoignage, je n'ai jamais voulu faire de peine à personne. Mais les devoirs du saint ministère ont pu me commander une sévérité qui n'était pas dans mon caractère, j'ai pu par inadvertance dire une parole qui ait déplu, faire une démarche qui ait contrarié, omettre un acte de politesse dont on ait été blessé. Si vous avez quelque chose de semblable à me reprocher, mes frères, je m'humilie devant vous et je vous en demande pardon. Que personne ne me laisse aller avec un ressentiment contre moi et qu'on veuille bien oublier des torts, s'il y en a, qui ont été plutôt involontaires que formels.

Je dois remercier les membres du Conseil de fabrique pour le concours bienveillant qu'ils m'ont toujours donné dans l'administration du matériel de l'église. Je remercie également les membres du Conseil de la commune, qui ont fait preuve de bonne volonté et qui ne se sont abstenus que par impuissance. Je dois des remercîments tout particuliers aux chantres, qui m'ont aidé à solenniser nos offices. Il y a pour eux un mérite d'autant plus grand qu'ils remplissent une fonction gratuite. Ma reconnaissance affectueuse leur était acquise, mais cela ne peut pas tenir lieu de salaire ; aussi je ne doute pas que Dieu ne se charge de les récompenser de leur zèle et de leur payer la dette de l'église. Qu'ils veuillent bien continuer à mon successeur leur concours précieux et indispensable.

Et maintenant, mes frères, laissez-moi vous adresser les paroles que l'apôtre saint Paul adressait aux fidèles de Milet en leur faisant ses adieux : « *Commendo vos Deo et verbo gratiæ ejus.* Je vous recommande à Dieu et à sa grâce. » Vous m'êtes bien chers, mes frères, et j'aurais de la peine si je vous laissais sans protection. Je serais plein d'inquiétude si je ne vous connaissais un refuge où vous pouvez être à l'abri du danger. Je vous laisse donc à la garde de Dieu, mes frères; peut-il y avoir un gardien plus fidèle et plus puissant : *Commendo vos Deo et verbo gratiæ ejus.* Je vous laisse à la garde de Dieu et de tous ceux que le Seigneur lui-même nous a donnés pour médiateurs auprès de lui ; à la garde de la Sainte Vierge Marie, qui nous a spécialement assistés pendant mon passage au milieu de vous. C'est à sa protection, je n'en doute pas, que nous devons d'avoir été préservés de ces maladies épidémiques qui ont décimé les paroisses du voisinage. La reconnaissance vous oblige donc à ne point oublier votre pèlerinage annuel à Bonsecours. Je vous laisse à la garde de saint Vast, patron de la paroisse ; ce m'est une consolation, et je la regarde comme une faveur, d'avoir pu célébrer sa fête et son octave avant mon départ. Aussi je me fais un devoir de vous recommander une dernière fois une confiance filiale envers l'illustre pontife que Dieu vous a donné pour protecteur. *Commendo vos Deo.* Oui, je prie Dieu du fond de mon cœur de vous avoir toujours en sa sainte garde. Qu'il daigne faire fructifier dans vos âmes les enseignements que je vous ai donnés, afin qu'au grand jour de la réunion nous nous trouvions tous, et les ouailles et le pasteur, à la droite du souverain juge pour entendre la sentence favorable, sans plus craindre jamais de séparation.

IV

Caudebec est l'une des villes les plus anciennes et les plus riches en souvenirs de notre département. Placée au débouché d'un gracieux vallon, dans un site ravissant, entourée de collines boisées, baignée par la Seine, cette ville occupait déjà l'attention de nos rois au ixe siècle ; place de commerce et port de relâche au xie siècle, elle devenait au xiie le centre de toute l'activité et la capitale de cet incomparable pays de Caux où toutes les richesses et tous les charmes de la nature semblent être réunis. Son port le mettait au moyen âge en communication avec la mer et envoyait des navires dans toutes les directions. L'industrie de ses habitants devait accroître sans cesse sa prospérité. Les gants, les feutres de Caudebec étaient célèbres au xvie et même au xviie siècle. On y voyait toutes les institutions d'une grande cité : un présidial, une université, une vicomté, un tribunal de maîtrise des eaux et forêts, une maréchaussée, une garnison, un bureau de tabac, un grenier à sel ; et, dans un autre ordre, un couvent de capucins, un couvent des Filles Notre-Dame, un hôpital, un collège royal. Les lettres n'y étaient pas moins en honneur que le travail. Qu'on en juge par ce fait consigné dans le registre des délibérations de l'hôtel de ville. En 1641, les échevins ayant à choisir entre deux candidats au titre de régent du collège de la ville, leur faisaient passer eux-mêmes un examen sur le grec et le latin. Siège du grand bailliage de Caux, elle comptait tout un personnel instruit et bien élevé de magistrats, d'avocats, de procureurs qui donnaient le ton à cette population à l'esprit vif et au goût cultivé. Quoi d'étonnant que cette ville ait donné naissance à nombre d'hommes distingués dont l'histoire a retenu les noms : Jean de Caul, poète ; Jean de Saint-Léger, abbé de Saint-Wandrille ; Dom Beaugendre, savant bénédictin ; Placide Gallemant, récollet, mort en odeur de sainteté à Rouen, éditeur de la *Neustria Pia ;* Guillaume Cacherat, procureur et écrivain ; le jésuite de Chavignac, fils d'un conseiller au bailliage, hébraïsant ; le comte Charles Dallet, compagnon de Montcalm et diplomate ; les peintres Dauger et Sebron ; Isidore Leigeret, poète et historien ; Thomas Bazin, l'un de nos plus grands écrivains normands et le plus célèbre de tous les enfants de Caudebec, évêque de Lisieux, archevêque *in partibus* et administrateur d'Utrecht, l'admirateur et le défenseur de notre sainte et héroïque Jeanne d'Arc. La Révolution fut fatale à Caudebec, qui vit sa prospérité décroître et sa population diminuer. Toutefois, cette petite ville est restée vivante et intelligente et inspire une sympathie dont on ne peut se défendre et que M. Isaac a ressentie plus que tout autre, car c'est là qu'il a voulu dormir le grand sommeil de la tombe.

Ce qui attache surtout à Caudebec et ce qui fait sa gloire, c'est sa merveilleuse église, dédiée à Notre-

Dame, belle et délicieuse comme son auguste patronne: *Pulchra es et decora,* que Henri IV appelait un bijou mal enchâssé à cause des rues étroites qui l'entourent et la plus jolie chapelle de son royaume, qu'il eût pu plus justement décorer du nom de cathédrale, car elle a l'importance et la perfection de nos plus illustres monuments. Svelte, harmonieuse, imposante, cette église de l'époque flamboyante est tout d'un jet et de proportions exquises. Longue dans œuvre de 56 mètres environ, large et haute de 22 mètres, elle porte fièrement la tiare de son clocher à 53 mètres et sa jolie petite flèche à 47 mètres. Elle n'a pas moins de dix-neuf chapelles, qui animent singulièrement l'édifice ; une belle rose et quarante-sept fenêtres, ornées pour la plupart de vitraux, célèbres par la richesse et la variété de leurs couleurs autant que par leur composition artistique, y répandent une lumière mystérieuse et charmante ; les détails de son architecture sont aussi remarquables que l'ensemble, et tout y est à étudier, depuis la combinaison audacieuse qui fait reposer tout l'abside sur un pilier unique, jusqu'au pendentif de la chapelle de la Sainte-Vierge, d'une retombée de 4^{m}30, suspendu dans l'espace par un prodige d'équilibre inouï jusqu'ici. Cette église ravissante offre, à qui l'examine, des sujets toujours nouveaux d'étonnement et d'admiration ;

elle attache au plus haut point et ne s'oublie jamais.

C'est dans ce milieu si intéressant et si nouveau pour lui que M. Isaac fut appelé, le 15 février 1859, par Mgr de Bonnechose, à continuer l'œuvre de zèle et de dévouement qu'il avait accomplie jusque-là dans de modestes paroisses. Il avait alors quarante-six ans ; il était à l'apogée de ses forces et de sa vie. Il débuta le 20 février par le sermon d'installation que nous allons reproduire, et où percent, comme toujours, sa grande humilité et son souverain esprit de foi.

Mes Frères,

Je devrais, ce semble, me trouver très heureux de me voir appelé à la cure de cette paroisse. Cette ville diminuée, il est vrai, si l'on compare le présent au passé, a conservé cependant une telle réminiscence de son ancienne grandeur qu'il n'y a de moins que la prospérité matérielle. On y rencontre une population polie et distinguée, comme il arrive aux cités d'administration centrale. Cette urbanité et cette distinction sont transmises comme un héritage des pères aux enfants, comme un héritage avec une religieuse fidélité. C'est là, du moins, mes Frères, l'impression du premier Pasteur qui m'envoie au milieu de vous, et j'ai du bonheur à vous dire l'appréciation si honorable que votre évêque fait de vous. Je suis donc appelé à avoir des relations avec une société d'élite. Ce qui devrait encore contribuer à ma satisfaction, c'est cette magnifique église, qui est presque l'idéal de la perfection architecturale. Si on vient de si loin pour la visiter, pour en admirer l'ensemble et les détails, quelle jouissance pour moi de l'habiter tous les jours, d'en faire presque ma demeure habituelle et d'y avoir, bien indigne que j'en suis, la place d'honneur et la présidence.

Cependant, mes Frères, je vous confesse qu'aujourd'hui, ce n'est pas le sentiment de la joie qui domine en moi ; une préoccupation toute différente me saisit tout entier. Si j'ai le bonheur de m'acquitter du saint ministère à votre satisfaction ; si je suis assez heureux pour mériter votre estime, pour conquérir votre confiance, mieux que cela encore, pour gagner votre affection, alors je pourrai me réjouir, je pourrai remercier la divine Providence de m'avoir désigné au choix de Monseigneur l'Archevêque pour être envoyé au milieu d'une population d'élite, dans une cité si riche en souvenirs, et si fière, à bon droit, de montrer un sanctuaire que pourraient lui envier d'importantes métropoles. Mais, pour le moment, je suis rempli de crainte, je suis saisi d'appréhension, et c'est tout ce qui devrait me réjouir qui me fait trembler. Tous mes motifs de joie sont pour moi une cause d'effroi. Et vous me comprendrez très bien, mes Frères. car pour l'intelligence d'un sentiment délicat vous n'avez besoin que de vous replier sur vous-mêmes.

Je crains : quelle est la cause de ma crainte ? Je crains parce que mon insuffisance, que personne ne connaît autant que moi, vous impose un pasteur qui, je le crois, n'est pas à la hauteur de son nouveau ministère. Tout vous donne le droit d'être exigeants : ce que vous êtes d'abord, et puis le mérite de mes prédécesseurs, dont le souvenir, toujours vivant, vous permettra d'établir un contraste qui me sera si défavorable. En vérité, cette considération me fait sentir plus que jamais la difficulté de ma situation. Je regretterais presque mon acceptation si l'obéissance ne m'en avait fait un devoir. Et cependant, avec cette insuffisance, j'ai à remplir un ministère bien difficile ; car qu'est-ce qu'un pasteur dans sa paroisse ? Sans entrer ici dans le détail, les différents noms qui le désignent suffisent déjà pour indiquer la multiplicité et la difficulté de ses fonctions. C'est un pasteur ; il est par conséquent chargé de paître le troupeau qui lui est confié. La nourriture des âmes, c'est l'enseignement. Saint Jean Chrysostôme, surnommé la Bouche d'Or à cause de son éloquence et de l'abondance de sa parole, trouvait que l'obligation d'enseigner était bien difficile. Comment donc, nous qui sommes inhabiles dans l'art de bien dire, pourrons-nous nous acquitter de ce devoir ? Le pasteur est appelé curé, c'est-à-dire qui a cure, autrement dire, qui a soin, qui est plein de sollicitude. Les fonctions d'une mère dans sa famille sont l'image de la vigilance d'un curé dans sa paroisse. La mère de famille entretient la santé de ses enfants valides ; elle soigne les infirmités de ceux qui sont malades. De même le pasteur; c'est du moins son devoir, mais vous conviendrez qu'il faut pour cela un dévouement extraordinaire. Dans certains pays on l'appelle recteur, parce qu'il régit les âmes. Et saint Grégoire le Grand a dit que la conduite des âmes était l'art des arts : *ars artium regimen animarum.* Enfin, mes Frères, car je ne puis tout dire, le pasteur est ministre, il remplit un ministère, c'est-à-dire qu'il est le serviteur de vos âmes. A l'exemple du divin maître, il ne vient pas pour être servi mais pour servir. Et c'est bien ainsi que vous le comprenez ; car, avez-vous des malades auxquels il faille porter secours, vous nous appelez près d'eux et le jour et la nuit ; avez-vous des enfants à instruire, vous nous les amenez ; avez-vous besoin de décharger vos consciences du fardeau de vos iniquités, vous nous retenez au confessionnal, et, en un mot, vous usez de nous comme d'hommes qui ne s'appartiennent plus et qui sont posés là pour remplir un ministère, un service.

Mais, vous le comprenez bien, toutes ces obligations sont grandes. C'est une charge pesante pour de faibles épaules. Je sais que tout ne pèsera pas sur moi, que j'ai un collègue qui a gagné votre confiance et qui a déjà la mienne, et que nous serons deux à porter le poids du ministère ; mais quoique la charge soit partagée, la part de chacun n'en dépasse pas moins les forces d'un homme. Toutefois, mes Frères, si je suis effrayé du fardeau, je ne suis pas découragé. J'ai même de grands motifs d'espérance. Je puis d'abord répondre d'une chose, c'est que je suis venu ici par la bonne voie ; je ne suis pas un mercenaire entré frauduleusement dans le bercail. Non, grâce à Dieu, je suis entré par la porte de la vocation divine. Dès que je puis me rendre le témoignage que je suis au poste où Dieu m'a placé, qu'ai-je à redouter si j'y travaille avec dévouement et dans la mesure de mes forces. Je sais que Dieu ne me demande pas le succès, mais la sollicitude : *curam, non curationem*. Je pourrais donc absolument être en sécurité si je remplis mon devoir suivant l'aptitude qui m'a été donnée, et avoir de l'assurance, quand même mon ministère serait frappé de stérilité au milieu de vous. Quand on fait ce qu'on peut, on fait ce qu'on doit, c'est l'adage de toutes les nations.

Je vous avoue cependant, mes Frères, que j'aurais bien de la peine si je me voyais condamné à vous être inutile, et ce serait pour moi une conviction que le choix de premier pasteur s'est égaré en tombant sur un sujet inepte. Mais je veux mieux espérer de votre excellent esprit. Pourquoi ne compterais-je pas sur la bienveillance universelle ? Je viens au milieu de vous vous offrir un ministère, c'est-à-dire que je viens me mettre à votre disposition, vous offrir mon dévouement. Je sais bien, mes Frères, que dans une population nombreuse le ministère du prêtre est diversement apprécié. Cette appréciation dépend nécessairement des convictions religieuses de chacun. Ainsi, aux yeux des croyants, le prêtre est le lieutenant de Jésus-Christ, c'est l'envoyé du Ciel. Il n'est pas placé si haut dans l'estime de ceux qui ne croient pas. Mais cependant, même à leurs yeux, il ne peut être que le bienvenu, parce que, tout en le dépouillant de sa mission surnaturelle, ils ne peuvent le considérer que comme un homme bienfaisant, comme le gardien des bonnes mœurs et comme exerçant une influence conservatrice dans la société. Je dois donc compter sur la bienveillance de tous. Si je suis honoré de votre bienveillance, il s'établira facilement entre nous une correspondance mutuelle de bons procédés. Si vous êtes bienveillants, nous nous entendrons facilement sur les points les plus délicats, vous me donnerez prise sur votre cœur, et quand une fois j'aurai fait cette conquête, je vous mènerai sans difficulté aux pieds de Notre-Seigneur Jésus-Christ.

J'ose donc vous demander votre bienveillance. Je ne vous demande pas votre confiance, mes Frères, parce que la confiance ne se donne pas gratuitement, il faut qu'elle soit gagnée, mais je demande votre bienveillance parce j'y ai droit et que vous pouvez bien me la donner, et aussi parce que cette bienveillance peut vous rendre mon ministère très utile.

Mais le grand motif de mon espérance, mes Frères, c'est le surnaturel de ma mission et l'assistance que Notre-Seigneur nous a promise. Un jour, saint Pierre n'étant encore que pêcheur, avait replié ses filets et tenait sa barque sur le rivage, après avoir essayé d'une pêche infructueuse. Le Seigneur lui dit : Avancez en pleine mer. On ne pouvait choisir un moment plus inopportun, on ne pouvait essayer dans des conditions plus défavorables. La tentative venait d'être faite pendant la nuit et elle avait échoué, et maintenant il était grand jour. Cependant Pierre eut le bon esprit d'en croire le conseil qui lui était donné. Sur votre parole, dit-il, je vais jeter le filet : *in verbo tuo laxabo rete.* Vous savez le reste, mes Frères. Le filet rompit sous le poids des poissons, la barque de Pierre fut remplie, puis celle de Zébédée, et la charge menaçait de les enfoncer tous deux dans les eaux. Voilà ce que c'est que de jeter le filet sur la parole du Maître. Et voilà aussi ce que je commence aujourd'hui. Je puis dire à Notre-Seigneur : je comprends très bien que je suis tout à fait insuffisant pour prendre les âmes, tout me manque pour un si grand ministère ; je l'exerce cependant, mais c'est sur votre parole que je jette le filet : *in verbo tuo laxabo rete*, car, mes Frères, vous le savez comme moi, je remplis la mission que Notre-Seigneur a donnée à ses apôtres. Allez, enseignez les nations et apprenez-leur bien que ma religion n'est pas un enseignement spéculatif, mais une religion pratique : *docentes eos servare,* et non pas à observer quelques préceptes et laisser les autres, mais : *servare omnia*, tout observer. Voilà la mission et voici maintenant les moyens de s'en acquitter : C'est, dit Notre-Seigneur, que je serai avec vous pour vous assister, non pas un jour, non pas un siècle, mais jusqu'à la consommation des temps : *Et ecce ego vobiscum sum usque ad consummationem sæculi.* Or, mes Frères, puis-je ne pas espérer, quand je fais le travail que Notre-Seigneur m'a commandé, et quand je le fais sous son regard et avec son assistance, qu'importe alors mon inexpérience et mon impéritie, je ne suis plus qu'un instrument dans les mains de Celui qui aplanit toutes les difficultés et qui ne rencontre jamais d'obstacles. Oui, j'espère, mes Frères, parce que c'est Notre-Seigneur qui agira par mes mains, et j'espère d'autant plus que nous avons près de Notre-Seigneur un appui tout-puissant. Applaudissez-vous d'avoir pour patronne de votre église la sainte Vierge Marie ; pour moi, je me félicite d'avoir à exercer le saint ministère sous cet auguste patronage. Vous êtes plus particulièrement les enfants de Marie et j'aime à croire que cette filiation, si honorable, profite à vous tous, aux justes, pour les faire persévérer et les faire croître dans la justice ; aux pécheurs, pour empêcher qu'ils ne tombent dans l'endurcissement et les disposer à la conversion. Oui, le patronage de la sainte Vierge, voilà ce qui fortifie mon espérance.

Et maintenant, mes Frères, je vais commencer ma mission laborieuse. Je puis vous dire, en la commençant, les paroles de David : *Opus grande est neque enim homini preparatur habitatio sed Deo.* L'œuvre à laquelle j'ai à me dévouer est d'une importance extrême. J'ai à bâtir une maison, non pas à l'homme mortel, mais au Dieu tout-puissant. La maison matérielle est bâtie, mais il faut édifier la maison spirituelle ; il faut que nos âmes soient disposées à devenir le sanctuaire de la divinité ; il faut que chacun de nous soit préparé à offrir une demeure à Jésus-Christ, qui s'unit à nous en deux manières : corporellement, par la communion, et spirituellement par la grâce. Et il faudrait que la maison spirituelle fût à l'instar de la maison matérielle. Il faudrait que quand l'une est un chef-d'œuvre de magnificence et de goût, l'autre ne fût pas moins riche en ornements qui lui soient propres, c'est-à-dire en vertus et en bonnes œuvres. Donnez-moi votre concours pour une entreprise si difficile ; pères et mères, aidez-moi auprès de vos enfants ; épouses chrétiennes, appuyez-moi auprès de vos époux ; maîtres, soutenez-moi auprès de vos ouvriers et de vos domestiques. Et vous, mes Frères, hommes chrétiens, qui appréciez le bonheur de la grâce, devenez les apôtres de la vérité, car là où l'apostolat du prêtre échoue, l'apostolat du laïc souvent réussit. Vous tous, mes Frères, qui avez le désir du bien, unissons-nous, mettons en commun nos efforts et nous soutiendrons beaucoup d'âmes chancelantes, et nous en relèverons beaucoup qui sont tombées, et notre zèle, déjà récompensé sur la terre par la joie du retour de nos frères égarés, sera couronné de gloire dans la bienheureuse éternité.

Ainsi soit-il.

M. Isaac était à peine installé que Mgr de Bonnechose vint à Caudebec faire sa première visite pastorale, et c'est de là que Monseigneur l'Archevêque data sa lettre circulaire n° 10, portant communication d'une encyclique de notre saint-père le pape Pie IX à l'occasion de la guerre. Mgr de Bonnechose, qui avait déjà apprécié dans une première entrevue M. Isaac, et qui aimait à dire dans la suite : « C'est l'une de mes premières nominations et des plus heureuses », conçut, dans les huit jours qu'il passa à Caudebec, une estime profonde de ce vénérable prêtre et lui voua une confiance qui n'a fait que croître avec les années. M. Isaac voulut d'abord connaître ses paroissiens et fit dans chaque maison une visite, partout bien accueillie. Il s'appliqua, comme à Fresnoy et à Clères, à l'œuvre des catéchismes où, comme nous l'avons déjà dit, il excellait. Les enfants étaient plus nombreux que dans ses paroisses précédentes ; il multiplia ses catéchismes et sut les rendre si intéressants qu'on s'y rendait avec autant d'empressement que de régularité. Il dut renoncer à sa vie d'études et de recueillement, pour se donner tout entier aux occupations d'un ministère très actif. Comme il l'avait annoncé, il fit de l'église sa demeure presque habituelle. Les heures qu'il n'y passait pas étaient réservées à la visite des malades, aux affaires de la paroisse et à l'administrasion du doyenné. Sa bonté pour les pauvres, son assiduité et son dévouement auprès des malades, lui conquirent vite l'affection de la paroisse. Toujours prêt à donner sa vie pour ses brebis, ce bon pas—

teur s'exposa bien des fois dans des affections conta-
gieuses ; une jeune enfant, entre autres, qui avait le
croup et ne voulait recevoir que de lui les soins
nécessités par la gravité du mal, lui dut certainement son salut. Il se rendait deux fois par jour pour
procéder à des insufflations qui pouvaient chaque
fois lui communiquer le mal, et il le fit sans hésiter.
Ce fait, qui nous a été certifié par la personne qui en
a été l'objet, n'est pas isolé. Il ne se contentait pas
de visiter les malades pour les préparer aux Sacrements, il demeurait auprès d'eux et leur a rendu
maintes fois, surtout quand ils étaient pauvres, les
soins de la garde-malade la plus attentive. Aux
aumônes abondantes et intelligentes qu'il faisait, il
joignit toujours celle de soi-même, la plus difficile
et la plus salutaire de toutes.

Il soignait extrêmement ses instructions du dimanche et ses sermons des fêtes. Nous possédons de
cette époque (de 1859 à 1872) 560 manuscrits de
prônes et d'instructions prêchées à l'église de Caudebec, à la chapelle des sœurs Augustines du B.
Pierre Fournier, à la chapelle de l'hospice et dans
quelques églises du doyenné. Ce sont des œuvres
de doctrine, de piété, de sens pratique, de haute
édification, aussi recommandables par l'élévation et
la netteté des pensées que par la correction du style.
M. Isaac n'était pas orateur, en ce sens qu'il n'avait

pas les dons extérieurs de l'éloquence, tels que la variété et la puissance de la diction, les élans et le souffle de l'inspiration; mais si son débit était un peu monotone, il s'exprimait si dignement et si clairement, il avait un style si pur, il disait des choses si excellentes, si nourries de la parole sainte et des Pères, il avait une telle mesure dans la parole, des aperçus si ingénieux et une délicatesse parfois si exquise dans l'expression, qu'on l'écoutait avec une extrême satisfaction et un véritable profit pour l'esprit et pour le cœur. Les délicats l'admiraient, les simples et les humbles le comprenaient. Jamais il n'a lassé un seul jour son auditoire, on le voyait monter en chaire avec plaisir, on l'en voyait descendre avec regret. Cet homme de Dieu traitait la parole sainte avec respect; il ne se permit jamais, même après trente ans de ministère, une seule improvisation. Chacune de ses instructions était travaillée avec le même soin que la précédente, et l'on comprend qu'un magistrat renommé, habitué à manier la parole dans une Cour d'appel, ait pu dire, après avoir entendu souvent M. Isaac : « Ses prônes sont de petits chefs-d'œuvre qui font mes délices. »

Nul homme cependant ne se préoccupa moins de plaire; il ne cherchait qu'à instruire, à édifier, à convertir. Il ne voyait dans la phrase que l'idée;

les ornements lui importaient peu. Si parfois il se sert de comparaisons, c'est afin d'élucider sa pensée et de la rendre plus saisissante à l'esprit de ses auditeurs ; quant à ces images plus ou moins brillantes, plus ou moins poétiques, dont nos orateurs modernes sont si prodigues, il les estimait pour ce qu'elles valent, comme des jeux d'imagination, qui loin d'ajouter à la précision et à la force de la pensée, l'affaiblissent le plus souvent en l'enveloppant de nuages et de voiles artificiels. Il avait l'esprit droit, le jugement sain et sûr, il concevait et s'exprimait avec une lucidité parfaite et tendait toujours à un but pratique. L'émotion lui fit trouver parfois des accents d'une véritable éloquence, mais ils sortaient des entrailles mêmes du sujet et n'étaient pas, comme il arrive trop souvent, le fruit de l'art et de la recherche. Sa nature loyale répugnait à tout ce qui n'était pas le vrai absolu. Tels qu'ils sont, les douze cents sermons et instructions qu'il a laissés, œuvre immense d'une vie vraiment apostolique, embrassent le cours complet de la doctrine chrétienne, et mériteraient d'être publiés si notre temps superficiel et frivole pouvait supporter les lectures sérieuses.

La vie d'un curé de paroisse, appliqué à ses devoirs, ne comporte pas de longs développements. Chaque jour ramène les mêmes occupations, le même exercice du dévouement pastoral. M. Isaac ne s'absentait jamais de sa paroisse et y menait sa belle et pieuse existence avec une uniforme régularité. Il avait dit adieu à ses longues heures d'étude et à ses vieux livres, en commençant à Caudebec son ministère.Quand il avait quelques heures de loisir, dans l'après-midi, ce qui était rare, il reprenait ses livres et augmentait sa provision de science. La seule lecture à laquelle il ne manqua jamais, ni à Caudebec ni à Rouen, était celle de l'Écriture sainte, dont il repassait un chapitre tous les jours, quelquefois avant de prendre son repas de la nuit, quand il n'avait pu le faire dans le cours de la journée. « On mange tous les jours, disait-il, l'Écriture sainte est un aliment dont l'âme du prêtre a besoin tous les jours. »

M. Isaac se prit d'une vive affection pour sa belle et vénérable église et mit tous ses soins à en décorer l'intérieur, car il ne pouvait s'occuper de l'extérieur, l'édifice étant classé parmi les monuments historiques. Il s'attacha donc à restaurer les chapelles, celle du Saint-Sépulcre, où il fit placer deux verrières rappelant l'agonie du jardin des Oliviers et le crucifiement de Notre-Seigneur ; celle de Saint-Joseph, où il fit représenter, dans d'excellentes pages de verrerie, dues comme les précédentes à la maison Bernard, de Rouen, les principales scènes de la vie et de la mort de ce bienheureux. Il rendit la remarquable chapelle de la Sainte-Vierge, qui forme l'abside, à son style et à sa splendeur des premiers jours. Dans ce but, il fit ouvrir la fenêtre terminale, bouchée jusque-là et cachée par un riche et gracieux rétable à colonnes torses, qu'il fit transporter dans la chapelle voisine. La fenêtre fut vitrée et consacrée à l'histoire de la Sainte Vierge, patronne de Caudebec. Ce travail, du plus heureux effet, rendit la lumière et la vie au sanctuaire de Marie ; les deux autres verrières furent aussi l'objet d'intelligentes restaurations. Il susbtitua un magnifique autel en pierre, dans le style du monument, au rétable de la renaissance et ferma le sanctuaire par une belle grille en fer forgé. En même temps il complétait le matériel de l'église et de la sacristie et augmentait notablement les revenus de la fabrique.

La fête de l'Adoration perpétuelle ayant été établie en 1865, par Mgr le cardinal de Bonnechose, dans les paroisses du diocèse, le 15 janvier fut attribué à l'église de Caudebec-en-Caux. M. Isaac voulut entourer cette solennité de toute la pompe du culte, et y préparer chaque année les paroissiens par un *triduum* prêché par des missionnaires ou des orateurs en renom. C'était une sorte de mission dont il assurait ainsi périodiquement le bienfait à sa paroisse. Les sermons avaient lieu plusieurs fois

pendant les trois jours précédents, dans la forme
des retraites paroissiales. L'église était ornée pour
la solennité de feuillages, de fleurs, de guirlandes,
comme un vaste reposoir, et illuminée dans toutes
ses grandes lignes par des cordons de lumière qui
faisaient resplendir les voûtes antiques d'un éclat
qu'elles n'avaient jamais connu. Nous avons été
témoin plusieurs fois de la cérémonie de l'Adoration
à Caudebec, nous avons vu l'église, toute brillante
de mille feux, devenir insuffisante à la foule qui s'y
pressait, nous avons admiré le nombreux clergé qui
remplissait le chœur, le bel ordre des cérémonies,
l'exécution parfaite du chant liturgique et des mor-
ceaux de musique qu'on ajoutait parfois au salut.
Quelle fête de toutes les âmes ! Quels élans de dévotion et d'amour envers Notre-Seigneur ! Et comme
le bon pasteur était heureux au milieu de son troupeau, réuni presque tout entier au pied du divin
Maître ! « C'est ainsi, disait le bon curé à ses
paroissiens en les remerciant de leur concours, c'est
ainsi que je voudrais être un jour au Ciel, entouré
de tous mes enfants ! »

M. Isaac eut la douleur de perdre, le 14 septembre 1867, son vénérable père, parvenu à une
vieillesse assez avancée. Déjà, il avait vu mourir,
le 26 juillet 1862, sa bonne mère, une douce et
sainte femme, qui passa sur cette terre en priant,

en travaillant et en souriant. Il fut souverainement
édifiant dans ces deux malheurs. Il donnait, depuis
qu'il était prêtre, l'exemple de la piété filiale, en
entourant son père et sa mère, qui vivaient avec lui
dans son presbytère, d'un respect, d'une affection,
d'un dévouement de tous les jours et de toutes les
heures. Lui, qui prêchait à tous le culte de la famille,
confirmait par sa conduite ses aimables leçons. Il
voulut assister lui-même à la mort ses chers parents.
Il ne quitta pas leur chevet pendant leur dernière
maladie, les soignant avec une tendresse infinie, les
exhortant, les embrassant. Ce qu'il leur dit de
suaves paroles d'espérance et de foi ne se peut
exprimer dans un récit destiné au public. Ces douces
choses du cœur ne doivent pas franchir le seuil du
foyer. Son père et sa mère firent la mort des saints.
Ils reçurent de ses mains les derniers Sacrements,
et, unis à lui dans la prière, dans la confiance en
Dieu, dans l'espérance du suprême revoir, ils ren-
dirent leur dernier soupir dans ses bras.

M. Isaac, pendant la première nuit qui suivit la
mort de sa mère, après avoir prié longtemps auprès
d'elle, se mit à écrire une petite notice sur la vie de
cette femme de bien. Nous la donnons ici comme
un témoignage de sa piété filiale et aussi comme un
exemple que devraient imiter tous les enfants. On a
perdu, de nos jours, la belle et sainte habitude des

livres de famille. On n'écrit plus ces *livres de raison* qui étaient une lumière, une force, une consolation pour les familles d'autrefois. Il serait à désirer
que cette coutume redevînt en honneur dans les
foyers chrétiens. Comment laisser perdre le souvenir de ses parents? Pourquoi ne pas fixer par écrit
les principales circonstances de leur vie et les enseignements qu'ils nous ont laissés? Ces traditions
forment les bonnes familles, et comme la régénéra-
tion de notre société est attachée, selon nous, à la
reconstitution des familles selon l'esprit chrétien et
les vénérables coutumes de nos aïeux, rien n'est plus
à recommander que ces annales domestiques, trop
oubliées aujourd'hui.

Julie-Thérèse Motte, née à Héberville, d'Adrien Motte
et de Suzanne-Thérèse Carpentier, le 28 octobre 1785,
mariée à Martin-Simon Isaac, audit Héberville, mère
de Jean-Baptiste-Ambroise Isaac, curé de Caudebec-en-
Caux, et de Julie-Louise-Victoire Isaac, mourut à
Caudebec, le 30 juillet 1862, à sept heures et un quart du
soir, d'une attaque d'apoplexie qui l'avait frappée le
samedi 26 juillet, à huit heures et quart du soir, et qui
l'avait privée de la parole et de la connaissance qu'elle
n'a plus recouvrées. Son agonie commença le mardi
soir et dura vingt-quatre heures dans de bien cruelles
souffrances, manifestées par une agitation incessante du
bras et de la jambe gauche, le côté droit étant paralysé,

et par un gémissement inarticulé, mais déchirant à entendre pour son mari et ses enfants, qui étaient près de son lit de douleur. Deux heures avant son décès, soit épuisement, soit rémission de la souffrance, le calme se fit, le gémissement et l'agitation cessèrent et elle expira doucement, sans effort, sans contorsion, rendant à Dieu son âme avec la même facilité, si on peut dire, qu'elle l'avait reçue. Elle avait communié à l'église le dimanche précédent, 20 juillet, fête du Sacré-Cœur de Jésus. Elle reçut le sacrement de l'extrême-onction et l'indulgence le dimanche 27, à cinq heures du matin.

Elle vint demeurer à Mautheville-sur-Durdent, le 7 de janvier 1812, qui fut le jour de son mariage ecclésiastique. Elle était, avec son mari, dans la maison de son beau-père à la manière patriarcale. Il n'est pas douteux que la mère, qui était chrétienne, car son père était mort et le curé de la paroisse avait fait, au prône, l'éloge de cet homme, pour sa foi et sa résignation chrétiennes dans les souffrances, il n'est pas douteux, disons-nous, que sa mère ne lui donnât, à son départ, les instructions des parents de Sara à leur fille, quand elle les laissa pour aller, avec son mari, dans la maison de Tobie, son beau-père : *Honorare soceros*. Si elle ne reçut pas cette instruction, elle la mit en pratique d'instinct. Elle se montra constamment, c'est-à-dire jusqu'au 6 juin 1826, patiente et dévouée. A cette époque, elle perdit son beau-père, qu'elle avait soigné longtemps avant sa mort. Elle garda, jusqu'en 1834, une servante, qui ne la laissa que pour se marier et qui était d'un caractère très difficile. Elle vécut néanmoins avec cette charge une quinzaine d'années. Elle aimait les pauvres et les assistait suivant ses moyens, même au-delà de ses moyens. Son genre d'occupation était le soin d'une petite exploitation, trop exiguë pour que le travail fût divisé. Ainsi, chaque jour et à chaque saison succédait une variété de travaux : c'était le ménage, la pâture du bétail, la direction d'une laiterie, les travaux de la moisson, la façon de la boisson, le filage du lin, le lessivage du linge, la couture, le petit marché des œufs, du beurre, de la volaille, etc.

En 1846, elle commençait à vieillir, ainsi que son mari. Ils étaient d'ailleurs séparés de leurs enfants, qui vivaient ensemble, c'est-à-dire la sœur avec le frère, qui était curé à Fresnoy-Folny. Alors ils vendirent leur mobilier et se réunirent à leurs enfants. De cette manière elle habita Fresnoy jusqu'en 1849. De là, son fils ayant été nommé à la cure de Clères, elle y habita jusqu'en 1859, époque de la translation de son fils à la cure de Caudebec. Son existence a été souvent éprouvée par la maladie : en 1827, elle eut à souffrir d'une longue fièvre ; en 1834, elle eut une goutte sciatique qui la cloua à son lit plusieurs mois et dont elle ressentit les effets plusieurs années ; en 1847, elle eut un catharre qui l'affaiblit considérablement ; en 1860 commença pour elle une période de névralgies dans la tête qui se succédaient, surtout dans les derniers temps, sans lui laisser un long répit ; sa vue en était considérablement diminuée et son ouïe très affaiblie, et la vie n'était plus pour elle qu'une série de souffrances, car, indépendamment de ces maladies, elle avait perpétuellement des maux d'estomac, des migraines, des diarrhées. La table n'avait pour elle aucune jouissance, parce qu'elle devait se priver de tout.

Elle était d'un caractère patient, pacifique, d'une grande humilité, n'ayant assurément aucune bonne opinion d'elle-même et ne parlant jamais avantageusement des siens, quoiqu'elle les aimât beaucoup et qu'elle les estimât.

Elle avait une grande foi ; elle regrettait de n'être pas instruite et désirait savoir comment elle devait s'y prendre pour plaire à Dieu. Quand elle entendait raconter quelque chose d'édifiant, elle écoutait avidement ; son âme comprenait le sacrifice et le dévouement demandés pour une belle action ; sa sainteté avait illuminé son intelligence ; elle soupçonnait, par un instinct chrétien, la perfection évangélique.

Sa vie sainte, dévouée, laborieuse, mortifiée, ne la laissait pas cependant sans une vive appréhension de la mort ; aussi recourrait-elle à la prière, et on peut dire que, sur la fin de sa vie, la prière était son occupation. elle s'épuisait de salive à force de dire son chapelet, et le jour de son attaque elle l'avait peut-être récité six fois.

La dévotion au chapelet me fait noter cette particularité assez remarquable pour ceux qui voudront bien la juger à notre point de vue : pendant ses derniers jours, on lui donnait la main et elle la serrait ou la rejetait, ce qui indiquait un effet spontané. Il en était ainsi de tout le reste. On lui présenta un chapelet : elle le prend, elle l'élève, elle le contemple, elle l'égrène sans dire une parole puisqu'elle ne le pouvait plus, puis elle le met sur sa poitrine, sous sa couverture; on lui reprend le chapelet inoccupé et aussitôt elle cherche de la main; on lui redonne le chapelet et alors elle le serre dans ses vêtements de corps, sur sa poitrine. C'est le chapelet qui, seul, a eu le privilège d'éveiller cette ombre de connaissance.

Dieu, dans sa miséricorde, lui aura épargné la perspective de la mort, qu'elle craignait beaucoup, et il l'aura fait beaucoup souffrir afin que, purifiée, elle put entrer au ciel plus tôt. Depuis longtemps, ses souffrances avaient altéré la régularité de ses traits et sa douloureuse agonie l'avait déformée, mais aussitôt qu'elle eût rendu son âme à Dieu, ses traits se régularisèrent; il y eut comme une beauté céleste sur sa figure, elle recouvra les grâces de la jeunesse et avait un air souriant qui invitait à la considérer. La mort, loin d'avoir laissé des traces hideuses sur sa face, lui avait, au contraire, rendu sa première beauté avec une sorte de transfiguration due à sa sainteté.

Elle ne fut recouverte que trente-six heures après son décès, et ses traits n'étaient pas altérés. Son fils voulut être présent quand on la mit dans le cercueil.

Elle avait eu, de son mariage, trois enfants : une petite fille, qui vécut quelques mois et qu'elle est allée rejoindre au ciel, et les deux enfants dont il a été question et qui déplorent amèrement sa perte.

Ainsi a parlé de sa mère ce saint prêtre. Nous avons assisté aux deux cérémonies funèbres, et nous avons accompagné M. Isaac dans ces douloureux moments. Depuis le presbytère jusqu'au cimetière, il tenait étroitement serré dans sa main le petit crucifix qu'avaient baisé les mourants, et il le regardait sans cesse. Il comprenait qu'il devait donner comme pasteur l'exemple du courage et de la résignation, mais plusieurs fois le cœur de l'homme éclata en sanglots, que sa ferme volonté était impuissante à réprimer. Quel chemin que celui de l'église au cimetière ! Il marchait courbé sous le poids de sa douleur, priant lentement sans interruption. Il ne s'était pas senti la force d'officier, et son digne cousin, M. l'abbé Isaac, remplissait les saintes fonctions. Il répétait les belles prières de la liturgie, et quand il quitta la fosse où l'on venait de déposer le cercueil de son père à côté de celui de sa mère, nous l'entendîmes dire assez haut : « A bientôt, mes bien-aimés, au Ciel ! »

M. Isaac aimait tous ses paroissiens, mais il avait une prédilection marquée pour les âmes vouées à la vie religieuse et pour son cher couvent des Augus-

tines de la congrégation de Notre-Dame du B. P.
Fourier, établies à Caudebec depuis 1636, et où,
pendant deux siècles et demi, elles ont fait bénir,
comme maîtresses d'école autant que comme religieuses, leur action bienfaisante. Ce couvent modèle, où la pauvreté, le dévouement et la ferveur
ont toujours été en honneur, a été l'objet de la
généreuse et infatigable sollicitude de M. Isaac,
depuis son arrivée à Caudebec jusqu'à sa mort, car
il demeura jusqu'à son dernier jour supérieur ecclésiastique de ce monastère. Il lui prodigua tous les
trésors de son cœur et lui vint souvent en aide de
ses deniers, dans les moments difficiles qu'il tra-
versa. Nous croyons devoir extraire d'une lettre
écrité par le monastère les passages suivants, qui
feront mieux connaître que toutes nos paroles l'œuvre de l'homme de Dieu à Caudebec.

Caudebec, le 7 avril 1885.

...Ce bon Père aimait les âmes du même amour qu'il
aimait leur Sauveur, et il aimait d'un amour particulier celles que le divin Maître avait daigné choisir pour
ses épouses. Il les aidait de ses conseils, de ses prières,
et ne craignait pas, lui, chargé d'affaires si importantes, de faire un voyage tout exprès pour affermir
dans sa vocation une âme découragée et ébranlée par
les efforts du démon.

Il aimait et appréciait la vie religieuse, parce qu'il la voyait au flambeau de l'éternité ; aussi, dans une de ses lettres écrite à une religieuse, je lis : « Quand on voit les choses de ce monde du point de vue de l'éternité, on doit s'étonner que tout le monde n'embrasse pas la vie religieuse. Ce peu de temps que nous passons sur la terre, ces quelques jours si courts, si fugitifs, qu'il nous est donné de vivre, devraient-ils être employés à autre chose qu'au service de Dieu, au sacrifice, à la prière ? Et d'ailleurs, la reconnaissance que nous devons à Notre-Seigneur nous permet-elle autre chose que de travailler à l'aimer, à le glorifier, et à nous dépenser pour Lui ? »

J'ai aussi sous les yeux une lettre écrite à une jeune fille, qui montre quelle estime ce bon Père faisait de la prière : « Je vous remercie de votre bon souvenir et de votre reconnaissance. Si je n'attendais pas de vous tout ce que vous avez fait à mon intention, j'attendais du moins une petite part dans vos prières. Vous me la donnez grande et quotidienne, je ne m'en plains pas, puisque j'en ai besoin et que cette pratique vous est en même temps utile à vous-même, car si la prière m'est appliquée, le mérite de la prière vous reste, et vous contractez par là quelque habitude de prier. Vous me dites dans votre lettre que vous priez peu ; j'en suis désolé, la prière étant indispensable pour appeler et entretenir l'esprit intérieur. Que deviendriez-vous sans la prière ? Impossible de vous soutenir dans le bien, parce qu'elle est le canal nécessaire de la grâce. Il serait à désirer que vous eussiez de l'attrait pour la prière. Cet attrait serait presque une garantie de fidélité à ce saint exercice, puisqu'on se porte volontiers aux choses qui font plaisir. Mais si vous n'avez pas cet attrait, il faut cependant vous rompre, malgré les répugnances, au devoir d'une prière fréquente. »

Ailleurs, il dit encore : « Mais quels moyens avez-vous d'aller où Notre-Seigneur vous appelle ? Vos ressources sont la prière, l'obéissance à vos parents, la charité pour vos frères et sœurs. Et tout cela coûte. C'est vrai, mais c'est plus effrayant en apparence qu'en réalité. Et si vous voulez le trouver facile, travaillez à acquérir l'abnégation.

« Cette lettre vous arrive dans un moment où vous êtes bien disposée et vous allez prendre de magnifiques résolutions. Ne vous en tenez pas là. Les meilleures résolutions ne valent qu'autant qu'elles passent dans la pratique. »

Quelle énergie et quelle bonté dans ce bon Père, qui terminait ainsi la lettre ci-dessus : « Je vous bénis, mon enfant, et je vous laisse pour aller dire la messe capitulaire au memento de laquelle vous allez avoir votre place comme toujours. »

Je n'ai pas à vous dire comment il pratiquait ce qu'il enseignait si bien. Dans sa paroisse on le voyait toujours à l'église, le matin et le soir ; on était toujours sûr de le trouver dans le plus parfait recueillement. Lui-même nous a avoué qu'il disait des *Ave* en allant et venant. Dans une de ces conversations si pleines d'un aimable abandon et que nous aimions tant, il nous disait que chaque matin il récitait certaines litanies que lui-même avait composées, et dans lesquelles il invoquait tous les saints patrons de la France, et qu'il ne se serait pas couché, alors même qu'il était vicaire général, avant d'avoir achevé son rosaire médité. Puis il termina en nous disant, d'un accent si fort et si tendre en même temps que rien ne saura jamais le rendre : « C'est que j'aime la Sainte Vierge..., vous savez, je l'aime..., mais c'est que je l'aime. » Faisant ainsi, sans s'en apercevoir, une triple protestation de son amour pour Marie, amour qu'il aurait voulu voir dans tous les cœurs.

Ce bon Père était bien le fidèle imitateur de Celui qui a dit : « Laissez venir à moi les petits enfants », il aimait à se trouver parmi eux.

Quand la mauvaise saison approchait, on le voyait, un paquet sous le bras, apporter lui-même au couvent des vêtements, des chaussures pour les enfants pauvres. Une fois même, à l'époque du jour de l'an, il distribua à chaque petite fille un petit panier contenant leurs étrennes. Son cœur de père s'épanouissait, et on le voyait plus heureux que les heureux qu'il faisait.

Étant vicaire général, il arriva que, venant à la communauté, il rencontra une ancienne élève de nos classes gratuites, et comme on lui disait que cette pauvre jeune femme était bien malheureuse, il dit à la sœur : « J'ai peu d'argent sur moi, faites-lui remettre un louis de vingt francs, je vous le rendrai. » Ce qu'il dit fut fait, et son ancienne paroissienne, qui n'avait rien demandé, accepta avec reconnaissance la généreuse offrande de son bienfaiteur inconnu.

La bonté de ce Père vénéré était si frappante qu'on ne parle de lui qu'en disant : « Ce bon monsieur Isaac », et pourtant cette douceur a dû lui coûter cher, ce qui en relève le mérite et encourage les natures vives.

Une religieuse se mourait, elle avait déjà les yeux tournés et ne donnait plus signe de vie; M. Isaac, appelé en toute hâte, accourt. Il avait quitté son confessionnal assiégé par la foule, car c'était une veille de Pâques. Il n'avait point de livre pour donner l'indulgence de la bonne mort, aussi, afin de ne point se tromper, comme il le dit après, il parlait assez haut, lorsque une sœur âgée, craignant la fatigue pour sa sœur mourante, lui dit : « Pas si haut, Monsieur le Curé, elle a sa connaissance. » « Laissez-moi », lui reprit-il vivement, puis, après avoir achevé, il se tourne vers la sœur, et lui fait si humblement ses excuses que la communauté en fut très édifiée.

Nous n'avons pas à parler de son zèle, qui lui faisait préparer ses catéchismes et ses conférences pour les enfants avec le même soin qu'il préparait ses sermons; aussi elles étaient si instructives et si intéressantes, que chaque dimanche, après vêpres, son jeune auditoire était captivé et ne trouvait pas trop longs les trois quarts d'heure et plus consacrés à ces instructions.

Son amour pour la France a été visible, pour ainsi dire, au moment de la guerre. Il ne pouvait se faire à la pensée qu'elle fût humiliée un seul instant; aussi quand le jour des grandes douleurs fut arrivé, on le vit plus recueilli que jamais, la tête baissée et l'air si triste qu'il paraissait porter sur lui toute l'humiliation de sa patrie.

Nous voudrions pouvoir publier ici quelques-unes des belles et solides instructions que M. Isaac adressait à ses paroissiens de Caudebec. Le choix seul est difficile au milieu de ces centaines de prônes et sermons, composés pour Caudebec, que nous avons sous les yeux. Tous portent le même cachet de sagesse, d'expérience, de piété, de dévouement aux âmes, tous manifestent ce vif désir d'instruire et d'édifier, qui posséda ce saint prêtre au plus haut point. Nous nous bornerons à un seul prône, prononcé le 12 décembre 1869, parce qu'il a trait à un événement mémorable dans l'histoire de l'Église, à l'ouverture du Concile œcuménique du Vatican. Nous n'avons pas besoin de rappeler que M. Isaac croyait depuis longtemps à l'infaillibilité du Pape. Il avait les opinions les plus romaines, comme on disait alors. Il s'était prononcé très nettement dans le temps pour le retour à la liturgie de l'Église, mère et maîtresse; il avait montré au Saint Siège un dévouement sans bornes lors des cruelles épreuves de 1859-1860; il s'était employé depuis à Caudebec à faire souscrire l'emprunt pontifical, et assurer au Denier de

Saint-Pierre les sympathies et le concours de ses paroissiens, et il y avait réussi. Il apportait, sans doute, dans l'expression de ses convictions, de la mesure et de la modération, évitant toujours de blesser le prochain, mais nul n'était plus ferme dans son culte de la vérité. On retrouvera dans ce prône la trace de tous ses sentiments et aussi l'écho de ces belles espérances qui remplissaient alors tous les cœurs catholiques.

Mes Frères,

Nous avons parlé des conciles et en particulier des conciles œcuméniques. Nous avons dit que les conciles œcuméniques étaient la réunion de tous les évêques du monde, sous la présidence du Souverain Pontife. Ces réunions de tous les évêques du monde catholique ne peuvent pas être fréquentes. La présence du premier pasteur est nécessaire à la garde du troupeau confié à sa sollicitude. Et puis, quelle que soit aujourd'hui la facilité ou la célérité des transports, pour le grand nombre c'est un voyage très pénible. Aussi, mes Frères, les conciles œcuméniques ne sont pas nombreux. Dans les dix-huit siècles que vient de traverser l'Église on en compte seulement dix-neuf. Le concile du Vatican, ouvert mercredi dernier, est le vingtième. Il m'a semblé qu'après vous avoir parlé des conciles en général, je ferais bien de vous parler tout spécialement aujourd'hui du concile du Vatican et que vous écouteriez volontiers un entretien sur ce concile.

Le concile qui se tient maintenant est le grand événement de notre siècle. Il est le grand événement par la majesté de l'assemblée, par l'importance de ses délibérations, par la fécondité de ses résultats.

Vous le savez, mes Frères, le Saint Père a convoqué au concile tous les évêques du monde, tous les abbés et tous les généraux des ordres religieux. Tous ne sont pas réunis parce qu'il y en a d'empêchés, ou par l'âge, ou par la maladie, ou par l'impossibilité d'arriver, ou par les besoins de leur diocèse. Mais nonobstant les absents, nonobstant le retard subi par le grand nombre, on comptait déjà sept cents évêques présents à l'ouverture du concile, et ces évêques sont venus de tous les points du monde. Ils sont venus du nord et des glaces du pôle, il sont venus du midi et des sables brûlants de l'Afrique, ils sont venus de l'Océanie, des îles perdues au milieu de l'Océan, des vastes régions de l'Asie, qui fut le berceau du genre humain et le berceau de la religion, mais qui n'a su rien garder avec fidélité, ni la félicité de l'Éden, ni l'intégrité de la foi ; ils sont venus des forêts de l'Amérique, où ils s'emploient à rapatrier les sauvages, qui sont comme une branche détachée de la famille humaine. Ils sont donc là, non seulement les évêques du rit latin, mais les Grecs aussi, mais les Orientaux en communion avec l'Église catholique. Et dans cette assemblée unique dans le monde, la terre toute entière : le Nord et le Midi, l'Orient et l'Occident, sont représentés, et ces représentants de la portion saine du genre humain sont les personnages les plus dignes, et par la science et par la sainteté, les plus recommandables par le talent de bien dire et par l'habitude de bien faire, les plus vrais représentants de l'humanité par un dévouement sans bornes à tous nos intérêts. Où a-t-on jamais vu une réunion aussi auguste ?

Aujourd'hui les réunions ne manquent pas, il y a des congrès de toutes sortes, et tous ont en vue le soulagement de l'humanité. Voyez la préparation de ces assemblées, examinez le personnel qui les compose, assistez à leurs délibérations, pesez leurs résolutions, et dites s'il y a là rien qui ressemble à la convocation et à la réunion de notre concile. On lit dans l'histoire ancienne que Pyrrhus interrogeait Cinéas, son envoyé, sur l'impression qu'il avait ressentie dans Rome. Rome, dit Cinéas au roi, m'a parue majestueuse comme un temple et le Sénat comme une assemblée de rois. Voilà, mes Frères, l'impression que doit faire le concile sur ceux auxquels il est donné de contempler cette imposante assemblée de saints évêques, cette auguste réunion de nos pères dans la foi.

Au reste, mes Frères, il ne faut rien moins qu'une aussi vénérable assemblée pour traiter les affaires soumises à ses délibérations. Nos intérêts les plus sacrés, les intérêts de la conscience sont remis entre les mains du concile. A Dieu ne plaise que j'aie la témérité de vouloir vous indiquer de quelles matières s'occupera le concile ! Nous le saurons après la clôture, peut-être même serons-nous renseignés pendant la tenue du concile, mais vous en parler aujourd'hui serait préjuger, et par conséquent nous exposer à l'erreur et surtout manquer au respect dû à la sainte assemblée. Toutefois, si nous ne pouvons indiquer d'avance les décisions du concile, le Saint Père n'a pas fait un mystère des motifs qui l'avaient déterminé à demander le concours de l'épiscopat, et assurément les motifs qui ont déterminé la convocation seront soumis aux délibérations des évêques, et en un sens nous pressentons, indirectement au moins, quelques-unes des décisions du concile.

Or, quels sont les motifs du Saint Père dans son appel à l'épiscopat? Il y en a deux principaux : les périls de l'Église et les périls de la société. Les périls de l'Église viennent de l'incrédulité, qui a fait dans ce siècle les progrès les plus effrayants. Il y a des multitudes qui non seulement ne croient pas à l'Église, mais même qui ne croient plus à Jésus-Christ, qui ne croient plus à la Sainte Trinité, qui s'en tiennent à une croyance vague et incertaine à la divinité. Il y en a même qui ne croient plus en Dieu, qui ne croient plus à l'âme et qui s'enfoncent dans un matérialisme abject, se préparant ainsi la voie à une vie toute animale, puisque ni l'âme ni l'immortalité ne les distinguent plus de la bête. D'où vient le mal? Il vient de la pernicieuse éducation donnée à la jeunesse, qui maintenant n'est pas seulement soustraite à l'Église et à la sollicitude du clergé, mais confiée à des maîtres qui n'ont aucun souci de lui enseigner le devoir et qui lui donnent l'exemple de l'incrédulité et de l'impiété. Le mal vient d'une mauvaise presse, de journaux pestilentiels, comme les appelle le Saint Père, qui ramassent tous les scandales qui peuvent nuire à la religion, qui font un faisceau de tous les sophismes qui peuvent battre la foi en brèche, pour les offrir chaque jour à la curiosité dévorante de leurs lecteurs. Or, il est bien difficile à des chrétiens médiocrement instruits de leur religion de n'être pas séduits par des objections captieuses, qui, pour mieux tromper, revêtent une couleur scientifique. Il est bien difficile à des chrétiens, déjà remplis de préjugés contre l'Église, de ne pas accepter des scandales qui leur sont présentés avec l'hypocrisie de la candeur et de la bonne foi. L'impiété a donc trouvé le moyen de s'emparer de l'existence entière de l'homme. Elle a la jeunesse par une éducation qui se fait sous son inspiration, elle a le reste de sa vie par les mauvais journaux et par les mauvais livres. Ceux mêmes qui ne vont point aux écoles et qui ne lisent pas, n'échappent pourtant point à sa pernicieuse influence. Dans les grandes villes surtout : l'atelier, l'échoppe, les réunions aux barrières, sont pour l'ouvrier la source des plus déplorables perversions. Et ainsi toutes les classes de la société, les classes lettrées et les classes illettrées, les riches et les pauvres, sont la proie de la propagande de l'incrédulité. Mais ce n'est pas seulement l'Église qui est en péril, c'est la société.

Ne voyez-vous pas qu'on attaque tous les principes

qui la constituent. On attaque la propriété ; on ne veut plus de propriété individuelle, mais la propriété collective. On attaque le lien conjugal ; on ne veut plus de liens indissolubles, si même on veut un lien. On attaque l'autorité ; on veut la liberté, mais la liberté sans entraves, la liberté de tout faire, c'est-à-dire la licence, qui aboutit au droit du plus fort. Si dans le péril qui nous menace c'était le moment de récriminer, on pourrait dire que la société recueille ce qu'elle a semé. Elle a attaqué l'autorité de l'Église, elle s'est étudiée à restreindre son action, elle a nié ses droits. Malheureusement elle n'a que trop réussi, mais du même coup dont elle a frappé l'Église, elle s'est presque suicidée elle-même. En effet, mes Frères, pour bien agir il faut bien penser, une bonne action ne peut être que le fruit d'une bonne inspiration. Mais quand le faux est dans l'esprit, le mal est dans le cœur, et l'erreur qui est dans l'intelligence met le désordre dans la volonté. Dans le monde, on ne se préoccupe pas de la vraie foi ; qu'on ait ou qu'on n'ait pas de croyance, on n'y regarde pas de si près. Eh bien, cependant c'est là une cause de perturbation, car c'est la volonté qui agit, mais la volonté n'agit que suivant la direction qui lui en est donnée par l'intelligence. Mais si l'intelligence est dans le faux, la volonté mal dirigée ne produira que des actions mauvaises. Voilà ce qui explique aujourd'hui les périls de la société. Elle a fermé l'oreille aux enseignements de la religion. Son intelligence est obscurcie et la volonté agit en aveugle et la conduit aux abîmes.

Au milieu de ce double péril, de l'Église et de la société, le Saint Père qui a été établi le chef de l'Église et qui a bien, implicitement du moins, la mission de sauver la société par l'Église, a fait un appel à l'épiscopat, il a appelé autour de lui tous les évêques pour concerter avec eux les moyens d'arracher le monde aux dangers qui le menacent. Il s'agira donc dans le concile de se défendre contre les attaques de l'incrédulité, de prendre des mesures contre les moyens de perversion dont elle dispose, de sauvegarder les catholiques contre les effets d'une mauvaise éducation et contre les séductions d'une mauvaise presse. En un mot, il s'agira de relever le monde de sa déchéance et de le replacer sur les bases de la foi et de la vertu. Jugez, par la tâche qui lui incombe, de l'importance de ses délibérations.

Mais le concile sera-t-il fécond en résultats ? Le Saint Père l'a pensé, et c'est dans cette espérance qu'il l'a convoqué. Beaucoup de bons esprits considèrent le concile comme une aurore, comme l'aurore d'un jour merveilleux qui va luire pour l'Église. Qui sait si le protestantisme ne viendra pas confesser ses erreurs et implorer son pardon aux pieds des Pères du Vatican ; qui sait si le schisme d'Orient, qui est si amoindri de sa séparation, ne voudra pas se remettre sous la houlette de celui que Notre-Seigneur a établi le pasteur de tout le troupeau. Comme gage d'espérance on dit, et je le redis timidement, car il ne faut pas donner une espérance et un désir comme une réalité, on dit qu'un ministre anglais a été député à Rome par ses collègues pour étudier les questions qui les séparent de l'Église. On dit qu'un évêque schismatique d'Orient vient également dans la ville éternelle dans l'intention de voir s'il ne serait pas possible de renouer la chaîne depuis si longtemps rompue qui unissait l'Orient à l'Église catholique. Si cette étude et cet examen font resplendir la vérité aux yeux des errants, quel triomphe pour l'Église et quel ébranlement salutaire dans ces deux sectes, dont l'une compte soixante-quinze millions de chrétiens et l'autre quatre-vingt-dix millions, et quelle prodigieuse fécondité dans les résultats du concile. Quoi qu'il en soit, mes Frères, le passé est là pour éclairer nos conjectures et jeter une certaine lumière sur l'avenir. En fait tous les conciles ont produit un grand bien dans l'Église et la société, non seulement ils ont clairement défini la foi, réformé les mœurs, rétabli la discipline, décidé les questions et ramené le calme en terminant les discussions, mais ils ont été pour le monde une époque de renouvellement, ils ont été comme une résurrection de la foi et de l'esprit chrétien. Il en doit être ainsi, mes Frères, le concile est comme le cénacle, l'Esprit saint y est, Dieu va parler par la bouche des Pères du concile, et c'est bien la manifestation de sa parole que nous lirons dans leurs décrets. Ah! mes Frères, y avez-vous réfléchi, il y a en ce moment dans le monde une assemblée qui est en pleine communication avec Dieu, qui délibère sous le souffle de l'Esprit saint, qui cherche avec le flambeau de la lumière divine les moyens efficaces d'assurer notre salut. Cette assemblée, c'est Moïse sur le Sinaï, qui écrit sous la dictée de Dieu les lois et les règlements qui doivent diriger nos croyances et notre conduite. Et bientôt cette assemblée, encore toute rayonnante de la lumière de son contact avec Dieu, va nous communiquer les enseignements qu'elle a puisés dans ce commerce divin. Dieu va de nouveau parler au monde, il va lui montrer la route, lui signaler les abîmes qui côtoient le chemin et lui indiquer le terme où il faut arriver. Ah! il est impossible que cette parole divine n'ait pas un grand retentissement dans les âmes à cause de son actualité, il est impossible que cette voix de Dieu, qui brise les cèdres du Liban, ne renverse l'orgueil et les obstacles que l'on voudrait opposer à son action. Il est impossible qu'elle n'ait pas dans l'Église et dans le monde les plus prodigieux et les plus salutaires résultats.

Mes Frères, quand Dieu donna sa loi sur le Sinaï, le peuple, effrayé de l'appareil que Dieu déployait sur le sommet de la montagne, s'adressa à Moïse pour lui dire : *loquere tu nobis et audiemus*, parlez-nous vous-même et nous vous écouterons ; que le Seigneur ne nous parle pas, nous mourrions de crainte. Voilà, mes Frères, la disposition où nous devons être aujourd'hui. Si nous avons le sentiment de notre misère et de notre indignité, nous ne pouvons pas désirer que Dieu nous parle à nous-même, mais nous devons le prier de parler aux Pères du concile et nous devons dire aux Pères du concile, non que ce ne soit pas le Seigneur qui nous parle, nous n'en sommes pas dignes, mais soyez vous-mêmes les interprètes de Dieu, parlez-nous de sa part et nous vous écouterons, et si nous avons cette soumission et cette docilité, nous pourrons dire avec confiance le dernier article de notre *credo : et expecto vitam venturi sœculi*, et j'attends la vie de la bienheureuse éternité.

Ainsi soit-il.

C'est vers cette époque que M. Isaac fonda à Caudebec l'œuvre dite des déjeûners. Il voyait avec peine un certain nombre d'enfants pauvres s'abstenir de fréquenter l'école. Pour les y attirer, il leur assura, avec le concours de plusieurs personnes généreuses, le premier repas du jour, un déjeûner substantiel et varié, qui était pour les enfants un attrait et un secours bien utile. Il continua cette œuvre après son départ par sa souscription annuelle.

On a parlé plus haut de l'amour de M. Isaac pour la France, nul en effet n'eût un culte plus profond et plus ardent de sa patrie. Il nous souvient qu'apprenant à Clères, le 10 septembre, la victoire et la prise de Sébastopol, il se jeta aussitôt à genoux dans son jardin, où il était, et récita avec nous le *Te Deum*. Des larmes de joie entrecoupaient sa voix, et cet homme, si maître de lui, ne put, ce jour-là, modérer sa joie. Pendant toute cette guerre de Crimée, il lisait avidement et commentait les dépêches ; il avait obtenu de M. Bellangé, l'adjoint au maire de Clères, communication du *Moniteur*, qu'il recevait dans la soirée, et il nous entretenait des nouvelles de la guerre avec une émotion patriotique. La guerre de 1870-1871 l'attéra. Chacun de nos désastres eut dans son cœur un cruel retentissement. Sa pâle figure d'ascète avait pris un aspect douloureux et sombre, et sans la foi vive qui le soutenait et lui faisait verser dans la prière et la confiance en Dieu les angoisses de son âme, il eût perdu les ressources de sa nature énergique.

Les Prussiens, après avoir occupé Rouen le 5 décembre, s'étaient rendus à Yvetot et à Caudebec-en-Caux. La présence d'une canonnière française dans la Seine donna lieu à un incident que nous devons rapporter.

La canonnière ayant aperçu des uhlans sur le quai de Caudebec, tira sur eux et tua un des cavaliers. Les Prussiens, selon leur coutume, voulant tirer vengeance de cette mort, prirent pour otages M. Renault fils, remplaçant le maire, et M. l'abbé Isaac. Le bon prêtre fut amené entre deux soldats, le fusil chargé, au poste principal. Ceux qui le virent marcher d'un pas ferme et le chapelet à la main, au milieu des ennemis, crurent qu'il allait être exécuté. Ses traits ne trahissaient aucune altération, sa figure était seulement un peu plus pâle que d’ordinaire. Il ne savait ce qui allait advenir et il avait fait le sacrifice de sa vie. Au poste, il crut comprendre qu’on allait le conduire à Duclair, où se trouvait sans doute le conseil de guerre. Il attendait l’exécution de cette mesure, lorsqu’un officier, supérieur en grade aux autres officiers présents, vint à entrer. M. Isaac, qui ne savait pas l’allemand et n’avait pas d’interprète sous la main, se décida à adresser en latin la parole à cet officier. Il parlait fort aisément le latin et, par hazard, l’officier le comprenait bien. L’allemand lui fit même compliment sur la facilité de son élocution. M. Isacc lui demanda ce qu’on comptait faire de lui. « On décidera de votre sort à Duclair, » répondit l’officier. M. Isaac lui représenta qu’on pouvait lui épargner ce voyage, que sa présence était nécessaire au milieu de ses paroissiens, dont plusieurs étaient gravement malades, et qu’on le trouverait à son poste lorsque le conseil de guerre aurait statué sur l’affaire. L’officier, touché sans doute de l’air vénérable du curé, se rendit à son désir et lui dit : « On peut se fier à votre parole à vous autres prêtres français, je vous autorise à rester à Caudebec. »

Il causa même quelque temps avec le curé avec une sorte de courtoisie. Jusqu’ici, rien sans doute d’extraordinaire, et le fait s’est renouvelé souvent pendant la guerre de 1870-1871. Mais voici qui est plus caractéristique, et nous affirmons ce que nous allons ajouter. L'entretien fini, l'officier supérieur tendit la main à M. Isaac : « Je regrette, lui dit en latin ce vrai patriote, je regrette de ne pouvoir vous donner la main. Vous êtes l'ennemi de ma patrie et vous lui faites trop de mal. Je vous estime assez pour croire que vous comprendrez mes sentiments. » L'officier lui dit : « Allez, moi aussi je vous estime. » M. Isaac resta donc à Caudebec. M. Renault fils partit seul avec le cadavre du uhlan et quelques soldats dans une voiture pour Duclair. M. Renault se conduisit très dignement à Duclair, et comme on lui annonçait que Caudebec serait taxé à une forte amende, il ne craignit pas de dire nettement que si on suivait son conseil on ne payerait rien. « C'est ce que nous verrons, » lui dit un des chefs prussiens. Le soir, M. Renault fut laissé libre de s'en retourner à Caudebec. Il avait été pris dans sa maison, en pantouffles ; il fut obligé de passer deux fois la Seine, pour éviter les patrouilles ennemies.

L'incident n'eût pas de suites graves. Nous croyons qu'on s'en tira avec quelques milliers de francs d'amende.

Un autre fait donnera l'idée de l'énergie et de la foi de M. Isaac, pendant cette terrible époque de l'occupation. Un samedi soir, un officier vient trouver M. Isaac à l'église. « Il nous faut, lui dit-il, votre église pour demain à midi. Nous avons un service de notre culte à célébrer. » « Du culte luthérien ? dit M. Isaac. » « De notre culte, et peu vous importe. » « Il importe si bien que je ne vous livrerai pas mon église. » « Comment, et quelle est votre audace ? Vous allez nous donner la clé de votre église ! » « Jamais, dit M. Isaac. Je sais que vous avez la force, mais vous me passerez sur le corps avant de profaner mon église. » « Nous enfoncerons les portes. » « Vous me trouverez derrière, dit-il avec une énergie froide, qui stupéfia l'officier. » Celui-ci réfléchit, et le lendemain il ne mit pas sa menace à exécution. Le bon doyen avait la fermeté des saints, dans les grandes occasions, et il eût couvert de son corps, comme il le disait, sa vénérable église.

L'invasion prit fin, comme tous les malheurs d'ici-bas. M. Isaac, qui s'était multiplié pour adoucir, autant qu'il était en lui, les maux qu'elle avait fait peser sur ses paroissiens, et les avait exhortés sans cesse dans ses instructions à la résignation, à la confiance en Dieu, célébra la délivrance dans une allocution des plus pathétiques. Il avait gagné de plus en plus par ses services et par sa bonté l'affection de tous.

Il eût la consolation de recevoir Monseigneur le Cardinal, qui se rendit à Caudebec pour la visite pastorale le 14 juin 1871. M. Isaac lui adressa l'allocution suivante :

Monseigneur,

Nous saluons, avec un très profond respect, l'arrivée de Votre Éminence au milieu de nous. L'expression de nos hommages n'est qu'une traduction affaiblie de nos sentiments de vénération. Nous voyons en vous, Monseigneur, le premier pasteur du diocèse ; nous voyons le prince de l'Église ; nous voyons encore, qu'à la pourpre romaine si dignement portée, s'ajoute un titre nouveau, qui nous paraît un bonheur dans une vie d'évêque, celui de Père d'un concile œcuménique. Vous êtes un des Pères du grand concile du Vatican. L'Esprit saint vous a appelé à l'honneur insigne d'être un organe de son infaillible vérité ; et, grâce à une intelligence qui a l'intuition du vrai, vous n'avez eu qu'à évoquer les convictions de toute votre vie, pour y puiser le témoignage et souscrire le grand acte qui terminent des controverses sans fin et que Notre-Seigneur a voulu être la meilleure sauvegarde de la vérité dans son Église. Pourquoi ne dirais-je pas encore à Votre Éminence que vous êtes le frère de cet infortuné collègue, qu'une mort sanglante vient de sacrer une deuxième fois, et, dont le sang à peine refroidi impose à tous une nouvelle admiration pour l'épiscopat ? Être de la race des héros chrétiens, appartenir par les liens de la confraternité à la famille des martyrs, est un grand droit à la vénération de tous.

Mais, Monseigneur, au respect si légitime que nous avons pour Votre Éminence, nous ajoutons une religieuse reconnaissance. Dieu avait dit dans les jours anciens : *Spiritus meus non permanebit in homine*, et bientôt l'effet avait suivi la menace ; le monde était comme retombé dans le chaos, mais des jours meilleurs s'étaient levés sur l'humanité. Le psalmiste les avait entrevus, il les avait annoncés : *Emittes spiritum tuum et creabuntur*, et Notre-Seigneur était venu, et il avait envoyé au monde un esprit tout nouveau, et la face de la terre avait été renouvelée. Mais, hélas ! voici que, comme aux anciens jours, l'esprit de Dieu s'est retiré de l'homme. Un esprit pervers, un esprit méchant, sanguinaire, un esprit de dévastation, qui aime à régner sur des ruines, comme ces oiseaux de proie qui cherchent les tours démantelées pour y placer leur aire, en un mot : *Spiritus nequam*, a envahi la société et notre France, peut-être plus que tout autre pays, et nous subissons aujourd'hui les terribles conséquences de l'invasion de cet esprit mauvais. Avec quelle reconnaissance n'accueillons-nous donc pas le passage de Votre Éminence parmi nous. Car bien que, peut-être, le grand nombre n'ait qu'un sentiment mal défini de ses besoins, tous cependant nous implorons le secours et nous espérons après la délivrance, comme la plante brûlée par les ardeurs du soleil soupire après la rosée d'en haut. Et voici, Monseigneur, que vous arrivez au milieu de cet immense malaise, et vous nous apportez un esprit nouveau, et vos mains sont chargées des dons de cet esprit réparateur, et vos paroles sont pleines de toutes ses bénédictions. Ah ! soyez remercié, Monseigneur, de la précieuse visite que vous nous faites. Jamais nous n'avons si bien compris qu'aujourd'hui ces belles paroles du prophète : *Quam pulchi super montes pedes evangelizantium pacem.* Que dis-je, vous n'annoncez pas seulement les biens du Seigneur, vous les apportez, vous allez nous en rendre participants, vous allez les donner à ceux qui ne les ont pas et en obtenir une nouvelle effusion pour ceux qui déjà les ont reçus. Bénie soit la sainte mission que vous remplissez parmi nous ! Béni soit votre ministère, qui va nous communiquer un esprit nouveau ! Nous le désirons, Monseigneur, pour sortir enfin de la confusion où nous sommes plongés, pour reformer une société nouvelle, pour consoler un peu notre pauvre France de son deuil, pour la relever de ses ruines, pour la refaire ce qu'elle était autrefois, suivant le langage d'un saint Pape, le plus beau royaume après celui du Ciel, et aussi et avant tout, pour rétablir le règne de Jésus-Christ dans le monde et arriver à celui de l'autre vie.

Le séjour de Monseigneur, qui résida pendant près d'une semaine au presbytère de Caudebec, fut doux au premier pasteur et au vénérable doyen, et les liens qui les unissaient déjà se resserrèrent encore. Monseigneur prit dès ce moment la résolution d'appeler près de lui un prêtre de ce mérite, aussitôt que les circonstances le lui permettraient.

M. Isaac était plus que jamais appliqué à ses devoirs de pasteur et de père, lorsqu'il reçut en juin 1872, une lettre très bienveillante de Monseigneur le Cardinal, qui l'informait qu'il lui destinait un canonicat dans son église métropolitaine et qu'il voulait lui confier une de ses communautés les plus nombreuses à diriger. Son Éminence lui marquait sa profonde estime et entendait, en l'appelant près de lui, dans son chapitre, lui donner une récompense de ses excellents services et un témoignage de son affection. M. l'abbé Isaac crut pouvoir refuser une première fois l'honneur qui lui était proposé. Son Éminence insista, et comme sa lettre n'était pas un commandement, mais l'expression d'un désir, M. Isaac répondit une seconde fois qu'il obéirait sur un ordre formel, mais non autrement.

« Eminence, lui écrivit-il, j'aime ma paroisse, et jamais je n'aurai le courage de briser moi-même le lien qui m'y attache. Je sens quelque chose d'indissoluble dans les rapports avec les âmes qui m'ont donné leur confiance et qui me demandent une direction et un appui. Je ne dis rien de notre belle église : les travaux que j'y ai faits témoignent de ma constante sollicitude. » Bref il faisait valoir toutes les raisons qui le pressaient de conjurer Mgr le Cardinal de le laisser continuer jusqu'à sa mort son apostolat à Caudebec.

Monseigneur, qui avait ses vues, ne se laissa pas fléchir. Il donna l'ordre et il fut obéi.

M. Isaac monta en chaire le 21 juillet et fit ses adieux à ses paroissiens dans les termes suivants :

MES FRÈRES,

Il n'y a pas encore quatorze ans, il y a quelques mois de moins, j'arrivais au milieu de vous, plein d'appréhension et aussi plein de dévouement. Je craignais de ne pouvoir m'acquitter convenablement du ministère pastoral dans cette paroisse, je craignais d'être au-dessous de la tâche qui m'était imposée et de ne pas répondre à votre attente; aussi étais-je bien résolu de me dévouer aux besoins de vos âmes pour n'être pas trop inférieur à mes obligations. C'est dans ces sentiments que je pris possession de la paroisse. Je n'oublierai jamais le bon accueil que vous me fîtes. Toute la ville s'était rendue à l'église comme pour me souhaiter la bienvenue et me donner l'encouragement dont j'avais besoin. Le contentement que je croyais lire sur vos visages me donna la confiance d'entrer en relations avec vous, et dès ce jour je fus tout vôtre, et il s'établit entre nous une facilité de rapports qui me rendait aisé et consolant l'exercice du saint ministère. Vos bonnes dispositions pour moi n'ont point été passagères. Elles ont duré sans altération jusqu'à ce jour, et je n'ai pas souvenance d'avoir éprouvé une contrariété qui en vaille la peine pendant ces quatorze ans. Non seulement je n'ai point eu de contrariété, mais j'ai eu bien des jouissances. Dans tous mes rapports avec vous, j'ai toujours rencontré la bienveillance, non seulement avec les pauvres, avec les ouvriers, mais même avec les premiers de la paroisse ; j'apprécie aussi grandement les précieuses ressources que vous avez ici dans la ville pour l'éducation ; d'un côté, les frères, de l'autre, les religieuses qui travaillent de part et d'autre avec le plus grand désintéressement, avec le dévouement le plus absolu à former le cœur et l'esprit de vos enfants, et ce travail, je le dirai, n'est pas perdu. Il y a dans le cœur de nos enfants quelque chose de plus chrétien, de plus pur que dans bien d'autres paroisses. Il y a même ici quelques jeunes âmes qui, éprises de la beauté de la vertu, sont l'espoir de la religion et la consolation de leurs parents. Il y a aussi un bon nombre de pieuses Dames qui veillent souvent au pied de l'autel et qui savent goûter le don de Dieu dans la communion. Ces pieuses pratiques qui soutiennent la foi, qui attirent la bénédiction de Dieu, sont une des jouissances du pasteur, et cette jouissance je l'avais souvent, plus souvent qu'aux grandes solennités. Un autre témoignage que je vous dois encore et que je suis heureux de vous rendre, c'est que vous aimez votre église, cela est légitime, et si vous ne l'aimiez, vous seriez dépourvus de goût et incapables d'apprécier ce qui est beau, mais vous ne méritez pas ce reproche, vous aimez l'église ; la preuve, ce sont les embellissements qui s'y sont faits, ce sont les verrières qui sont venues s'y placer, les restaurations que nous y voyons, les ornements qui contribuent à la décoration du lieu saint et à la pompe des solennités ; tout cela s'est fait, mes Frères, spontanément. Je n'ai jamais rien demandé à personne, tout m'a été offert sans sollicitation de ma part ; j'ai dû même mettre des bornes à quelques générosités qu'un moment d'enthousiasme rendait excessives, et dans ces travaux, je n'ai été que le prête-nom de vos libéralités. Assurément j'étais bien heureux de travailler ainsi avec votre concours à la décoration de la maison de Dieu, et j'avais la confiance qu'avec le temps, nous serions arrivés à restaurer bien des ruines et à rendre à ce magnifique sanctuaire la fraîcheur de ses premières années.

Donc, mes Frères, votre bienveillance, votre piété, votre confiance, votre générosité, que sais-je encore, m'attachaient à la paroisse, et pour rien au monde, ni pour une cure plus belle, — à mes yeux, il n'y en avait pas, — ni pour une position plus honorable, je n'aurais jamais consenti à vous laisser. C'était ma résolution si vous l'aviez voulu, de vivre toute ma vie avec vous et de mourir et d'aller reposer au milieu de ceux que j'aurais conduits au champ de la mort. Cette résolution je l'avais encore il y a deux mois, et quelqu'un m'aurait parlé de changement, que je lui aurais donné l'assurance que la mort seule me séparerait de vous.

Comment se fait-il donc, mes Frères, que je vous laisse, comment se fait-il que je me sépare d'une paroisse que j'aime sincèrement, d'une église que j'admire comme une merveille, d'un pays qui me semble le plus beau que j'aie vu, d'un séjour où je n'ai jamais eu un moment d'ennui. L'explication en est facile et vous la comprendrez aisément. Le jour de mon ordination, le pontife dit à chacun de nous : me promettez-vous à moi et à mes successeurs l'obéissance, et chacun de nous répondit : *promitto*, je le promets. Cette promesse nous met donc complètement à la disposition de l'évêque. Or, Monseigneur m'a appelé, il m'a dit : j'ai besoin de vous pour tel poste, que pouvais-je lui dire? Sans doute, je pouvais lui exposer toutes les raisons que j'avais de rester avec vous, je pouvais lui parler de la grandeur du sacrifice qu'il m'imposerait en m'envoyant dans un autre poste. Cela, mes Frères, je l'ai fait, je suis allé plus loin, beaucoup plus loin. Avec tout le respect que je dois au premier Pasteur, j'ai refusé à deux différentes fois, et j'ai dit que l'obéissance seule pourrait briser les liens qui m'attachaient à mes paroissiens. Nonobstant ces dispositions, Monseigneur ayant persisté dans la proposition qu'il m'avait faite, j'ai craint alors de résister à l'ordre de Dieu et de n'être plus autant dans la voie de l'obéissance si je persistais dans mon refus.

Vous dirais-je, mes Frères, une raison qui a ébranlé ma résolution? J'espère qu'en vous plaçant à mon point de vue, vous la comprendrez. L'exercice du saint ministère entraîne une immense responsabilité. En voyant le peu de fruit que nous faisons dans nos paroisses, nous devons nous interroger et nous demander si cette stérilité ne tient pas à nous. Or, ici, mes Frères, le dimanche n'est pas assez sanctifié, la loi du repos est violée, les offices sont trop délaissés, et souvent le vide de l'église profite aux maisons de jeu et de consommation. A qui la faute, mes Frères? Quand Notre-Seigneur vint au paralytique de trente-huit ans, il lui dit : voulez-vous guérir? et le paralytique lui répondit : *hominem non habeo*, je n'ai pas sous la main un homme qui me jette dans la fontaine pour le bain qui donne la guérison, et je me suis dit à moi-même aussi, mes Frères, tous les pauvres paralytiques de ma paroisse n'en sont-ils pas là? ne disent-ils pas aussi : nous n'avons point d'homme, *hominem non habeo*. Car enfin ils ne guérissent pas, ils ne prennent pas le bain salutaire. N'ai-je donc point à craindre que la langueur dans laquelle ils vivent, ne tienne à ce qu'ils n'ont point l'homme qu'il leur faut. Ne dois-je pas penser qu'un autre aura la main plus heureuse, une parole plus persuasive, un appel plus attrayant. Oui, je le confesse, si je n'avais pas craint de vous nuire, si je n'avais pas eu l'appréhension de contrarier la voix de Dieu, j'aurais accentué davantage mon refus et j'aurais fait valoir plus fortement le bénéfice de mon inamovibilité, mais en pensant à tant d'âmes auxquelles je suis tout à fait inutile, en pensant qu'un autre peut-être pourra avoir action sur elles, je n'ai pas osé insister plus longtemps, et j'ai mieux aimé sacrifier mes affections, mes goûts, mes habitudes, dans leur intérêt.

Car sachez-bien, mes Frères, que ce n'est point l'honneur qui m'est fait qui a déterminé mon acceptation. Non, mes Frères, je vous en donne l'assurance, je vous aimais trop pour vous laisser par un vil motif d'ambition, je vous laisse d'abord par obéissance, et ensuite, par la crainte que j'ai de n'avoir point assez d'action sur vos âmes. Je vous laisse avec l'espoir que mon successeur fera au milieu de vous le bien que je n'ai pu y faire moi-même, car vous autres, mes Frères, qui pratiquez, vous continuerez certainement de le faire, et parmi ceux qui ne pratiquent point, il y en aura certainement qui répondront à son appel.

Un grand nombre d'entre vous, mes Frères, ont eu la bonté de m'exprimer le regret qu'ils ont de mon départ; je ne voudrais pas en cette circonstance me départir de l'humilité qui convient, mais je vous dirai que vos regrets me paraissent légitimes, et si vous ne me regrettiez pas, j'aurais le droit de voir quelque ingratitude ; j'ai passé au milieu de vous près de quatorze ans, et ces quatorze ans, sauf de petits moments de relâche et de rémission ont été quatorze ans de dévouement, et à toute heure du jour et même de la nuit sans qu'on ait eu jamais la peine de m'appeler deux fois, en cela, mes Frères, je n'ai fait que mon devoir et même bien petitement. Mais enfin ce dévouement vaut bien merci, il vaut bien l'expression d'un regret. Toutefois, mes Frères, je suis touché de cette manifestation ; elle révèle la bonté de votre cœur et elle ajoute un nouveau motif de tristesse à tous ceux que j'ai déjà. Veuillez recevoir ici, mes Frères, les adieux que je vous adresse; je voudrais pouvoir vous serrer la main à tous, mais les occupations et les préoccupations du départ m'empêcheront de vous saluer en particulier et à domicile. Laissez-moi donc vous embrasser tous de cœur du haut de cette chaire. En me séparant de vous, j'emporte votre souvenir et je ne le perdrai jamais, je cesse d'être votre pasteur mais non pas d'être votre ami, et je ne vous oublierai pas dans mes prières, je me recommande aussi aux vôtres. Oui, donnez-moi quelquefois un petit souvenir dans vos supplications, et un jour, espérons-le, cette séparation finira, un jour nous nous réunirons là où il n'y aura plus jamais de séparation, mais où nous resterons durant l'éternité. Ainsi soit-il.

Les larmes entrecoupèrent plusieurs fois sa voix dans ce discours d'adieux où tout était si vrai, si profondément vrai, et il fut lui-même interrompu par la vive émotion de son auditoire. Il quitta Caudebec avec le plus douloureux déchirement du cœur. Il y laissait les tombes de son père et de sa mère, il se séparait d'âmes reconnaissantes qui lui étaient unies par des liens sacrés, de ses chères religieuses, des enfants qu'il avait élevés, des hommes et des femmes de foi qui lui devaient leur persévérance ou leur conversion ; il brisait avec les souvenirs les plus doux au cœur du prêtre ; c'était le meilleur de sa vie et comme une partie de son âme qu'il abandonnait là. Cette nature si forte, cette volonté de fer, ce caractère de saint succombèrent un moment, quand il fallut quitter pour la dernière fois la belle et vénérable église qui semblait lui reprocher son abandon. Le pauvre curé pleura. Nous le reçumes à Rouen quelques heures après la consommation de ce grand sacrifice. Il était brisé, défait, méconnaissable. « Vous êtes souffrant, lui dis-je, qu'avez-vous? comme vous êtes changé? » Il mit la main sur son cœur : « C'est ici que j'ai mal. » Puis se reprenant : « Que la volonté de Dieu soit faite ! »

V

Les offices qui s'accomplissent avec tant de dignité et de solennité dans notre antique métropole furent la première consolation de M. Isaac quand il prit place, le 28 juillet 1872, dans les rangs du Chapitre. Il avait aimé de tout temps, avec prédilection, avec un saint enthousiasme, le chant et les cérémonies de l'église; il ne se trouvait nulle part aussi heureux qu'au milieu des louanges et des élans de la prière publique; il considéra sous cet aspect ses nouvelles fonctions, et il devint bientôt un chanoine exemplaire. Il avait une belle voix et connaissait parfaitement le chant, il participa avec bonheur aux offices de la métropole, mêlant sans cesse sa voix à celle du chœur et remplissait avec une scrupuleuse fidélité les devoirs de sa charge. Monseigneur le Cardinal lui avait donné la direction de la communauté de

Saint-Aubin, composée de plus de six cents religieuses. Il se dévoua dès les premiers jours à cette mission douce à son cœur et que sa profonde expérience des âmes lui rendait facile. Il fut un père pour sa famille religieuse, comme il l'avait été pour ses différentes paroisses et il ne s'épargna pas dans sa sollicitude et son dévouement. Il s'occupa même des intérêts temporels de cette Communauté à laquelle il rendit les plus signalés services.

Administrateur excellent, comme nous l'avons dit plus haut, M. Isaac aimait l'ordre, l'économie, la prévoyance, la sécurité dans les affaires, il apporta ces qualités dans sa direction à Saint-Aubin et elles portèrent bientôt leurs fruits. Au point de vue spirituel, il ne laissa pas moins de traces de son passage dans cette pieuse maison. Il multiplia les conférences aux novices et aux sœurs, leur adressait des allocutions pleines de sagesse et de bons conseils, leur recommandant la dévotion, l'estime et l'amour de leur vocation, l'exercice de la charité mutuelle, l'inviolable fidélité à la règle. Nous avons sous les yeux plusieurs de ces exhortations qu'il a écrites, comme il écrivait tous ses sermons; elles portent le cachet de sa bonté et de sa haute intelligence des choses de la vie religieuse.

Mgr le Cardinal de Bonnechose qui aimait à étudier les hommes avant de s'en servir, suivit attentivement M. Isaac pendant cette première année de canonicat. Il sentit se confirmer de plus en plus les sentiments d'estime et d'affection qu'il lui avait accordés depuis son entrée dans le diocèse ; aussi, lorsque M. l'abbé Caumont, vicaire-général, vint à mourir, le 4 août 1873, Monseigneur le Cardinal n'hésita pas à choisir M. Isaac pour le remplacer. Son Eminence connaissait la profonde humilité de M. Isaac; aussi, quand Elle lui communiqua ses intentions : « Je ne vous donne pas le choix, dit-Elle au bon chanoine troublé et interdit, c'est à votre obéissance que je m'adresse, et c'est ma ferme volonté que je lui communique. » Nous pouvons, sans manquer à aucune discrétion, révéler ici qu'il fallut faire violence à ce saint prêtre pour le contraindre à accepter une dignité qu'il considérait comme supérieure à ses forces et à son mérite. M. Isaac, après avoir fait à Son Eminence toutes les représentations que sa conscience lui suggérait, s'inclina devant un ordre, comme il l'avait fait lors de son départ de Caudebec. En se séparant de sa paroisse et en acceptant un canonicat, M. Isaac, qui allait entrer dans sa soixantième année, ne pensait plus qu'à passer les dernières années de sa vie dans le recueillement et la prière. Appelé inopinément aux fonctions très actives de vicaire-général avec un prélat qui était l'activité même, il eut un moment d'angoisse et d'effroi; mais, habitué à reconnaître la voix de Dieu dans celle de son pontife, il fit généreusement le sacrifice de ses rêves de solitude et de paix, et entra dans ses nouvelles fonctions avec la ferme résolution de les accomplir dans toute leur étendue et avec tout le zèle et le dévouement de son cœur.

L'ordonnance qui l'appelait aux fonctions de vicaire-général, chargé des archidiaconés de Dieppe et d'Yvetot et de l'officialité diocésaine fut signée le 14 septembre 1873.

En devenant vicaire-général, M. Isaac s'était fait deux obligations auxquelles il demeura inébranlablement fidèle. La première ne coûtait pas à son cœur, elle lui était même commandée par les sentiments de toute sa vie; il se promit d'aimer les prêtres, de les aimer non en spéculation et théoriquement, mais dans la pratique de tous les jours et en toutes circonstances, d'aimer chacun des prêtres et de leur faire le plus de bien qu'il pourrait. Il avait passé par les différents degrés de la hiérarchie, il connaissait par expérience les difficultés, les peines, les douleurs même du ministère pastoral à la campagne et à la ville, aggravées chaque jour de plus en plus par les événements politiques et les épreuves de l'église. Il savait combien de bons prêtres souffrent moralement et matériellement dans la solitude de leur presbytère,

au milieu de populations indifférentes, voyant leur
zèle méconnu et leurs efforts stériles, ayant à compter sans cesse avec la méchanceté humaine ; obligés
à la plus stricte économie pour subvenir aux besoins
de la vie, privés en un mot de toute consolation et
souvent de tout encouragement. Appelé à les diriger,
il leur voua une affection sans limites. Il prenait toujours leur parti, leur défense, leurs intérêts. Pendant
ses dix années de grand-vicariat, il rencontra
quelques prêtres qui ont pu avoir des torts ou des
défaillances, il ne leur a jamais jeté la pierre, il leur
a tendu une main secourable, une main d'ami et de
père. Homme, il a eu pitié des misères humaines ;
prêtre, il eût donné son sang pour conserver intact
l'honneur du sacerdoce dans un seul de ses membres.
Si par hazard ces pages viennent à tomber sous les
yeux de l'un de ceux qu'il a rendus par sa miséricorde à la paix et à la dignité de la vie, elles seront
mouillées de ses larmes.

Sa seconde résolution était difficile à prendre et à
exécuter ; il sut faire l'un et l'autre. Il se promit de
dire toujours à son Eminence ce qu'il croyait être la
vérité, au risque de déplaire. Ajoutons que Monseigneur le Cardinal avait cette qualité rare chez les
hommes supérieurs, investis des plus hautes dignités,
de savoir entendre la vérité. Son premier mouve-

ment, en ces rencontres délicates, n'était pas toujours favorable, le second était excellent.

M. Isaac présida en septembre 1874 le pèlerinage diocésain à Notre-Dame de Lourdes. Le 22 septembre, après trente-deux heures consécutives de chemin de fer, les pèlerins arrivaient à Lourdes et se formaient bientôt en procession présidée par M. l'abbé Isaac. Le lendemain, il célébrait la messe à la grotte miraculeuse et distribuait la sainte communion aux nombreux fidèles. « Qui pourrait rendre, écrivait-on alors, la ferveur, les émotions de cette assistance et de ces communions en plein air ? Que de larmes ! que de pieux élans ! quelle violence à s'imposer pour quitter ces lieux bénis ! Avec quelle effusion beaucoup baisaient le *pavé* où il semblait que leur âme, selon le mot du Psalmiste, *restait* désormais *attachée!* » La procession aux flambeaux du 24 septembre, composée des pèlerins de Rouen, Grenoble, Angers, Rennes, Saint-Brieuc, fut splendide. Dans cette vallée, encadrée de montagnes, cinq mille personnes de tout âge et de toute condition, portant un cierge à la main et répétant le cantique de Lourdes, unies et confondues dans un même élan religieux, s'avançaient pas à pas en minces files dans le sentier quatre fois replié sur lui-même. Les pèlerins de Rouen, conduits par M. Isaac, étaient au milieu. Au-dessus d'eux, des chants et des lumières, au-dessous des lumières et des chants ; sur la large terrasse, la masse se déversait toujours et alimentait la chaîne sans fin qui serpentait, chantante et lumineuse. La tête de ligne du diocèse de Rouen était déjà rentrée à Lourdes, qu'on voyait encore, à peine détachée de la grotte, la queue du serpent de feu dont les replis étincelants enlaçaient tous les cantons de la montagne. Quel spectacle ! quelle soirée ! quelles heures bénies ! dont on pouvait dire avec le Psalmiste : *La nuit sera illuminée comme le jour, et cette nuit éclairera nos délices.* Comme notre vicaire-général pria là, avec ferveur, la douce Vierge qu'il aimait tant et quelles impressions ineffaçables il emporta de cette manifestation de foi ! Ce pèlerinage fut un des grands jours de sa vie. Elle ne fut égalée que par les émotions et les souvenirs de son voyage à Rome.

Monseigneur le Cardinal, appréciant de plus en plus les services de son vicaire-général, voulut lui donner une marque de son affection, et, on peut le dire, la récompense la plus douce à sa piété, en le choisissant comme compagnon dans son voyage à Rome en 1876. Ils partirent de Paris le 21 septembre.

Il faut laisser ici la parole à M. Isaac. Il a raconté dans ses lettres à sa sœur, ce cher et mémorable voyage. Nous publions ces lettres intimes, écrites au jour le jour, au courant de la plume, et qui, certes, n'étaient pas destinées à voir le jour ; nous avons pensé qu'on y retrouverait, prise sur le vif, l'âme de ce vénérable prêtre, son intelligene des choses de l'art, son profond sentiment des beautés de la nature, sa haute piété, le saint enthousiasme que lui ont inspiré les sanctuaires, les grands souvenirs, l'ineffable poésie de la Rome chrétienne. Ce n'est pas un récit de voyage, ce sont de simples notes que nous publions, mais ceux qui ont connu et aimé M. Isaac nous sauront gré d'avoir sauvé de l'oubli ces quelques pages, reliques de sa pensée, vraie en toutes choses, ouverte à tous les élans, éprise de tous les charmes et de toutes les leçons de la religion.

Turin, vendredi soir, 22 septembre.

MA CHÈRE SŒUR,

Nous arrivons ce soir à Turin, vers six heures et demie. Nous sommes en voiture depuis six heures du matin. C'est encore plus de cent lieues parcourues toute d'une traite, sauf un arrêt d'une demi-heure à Modane, où nous avons dîné.

Nous avons laissé Mâcon ce matin, le brouillard était épais et nous permettait à peine de voir la Saône qui traverse Mâcon, comme la Seine traverse Rouen. Après

Mâcon, nous sommes allés à Bourg, chef-lieu du département de l'Ain ; de Bourg à Aix-les-Bains, à Chambéry, enfin à Modane, où finit la France. C'est en quittant Modane qu'on traverse ce fameux tunnel du Mont-Cenis. Le trajet du tunnel dure une demi-heure et doit avoir de 24 à 30 kilomètres.

A Aix-les-Bains, j'ai vu un lac, le lac du Bourget. Les eaux du lac sont limpides comme l'eau de la plus claire fontaine ; mais elles ont une profondeur comme la mer, ce qui, joint à la beauté du ciel, leur donnait à notre passage la plus belle couleur d'azur. On parle du lac de Genève, il est incomparablement plus beau ; mais le lac du Bourget, que j'ai cotoyé peut-être deux lieues, m'en donne une idée. Tout près de là est Aix-les-Bains que l'on fréquente pour les maladies de gorge et autres maladies. Son Eminence y est allée plusieurs fois, et en passant, Elle nous indiquait la maison qu'elle y habitait. La population n'est pas considérable et la ville, si on peut lui donner ce nom, n'a rien de remarquable ; mais ce qui est beau, c'est le site. On ne se fait pas l'idée de la beauté de ces montagnes. C'est un spectacle grandiose, immense. Les Alpes ne ressemblent pas tout à fait aux Pyrénées. Il y a dans les Alpes plus de végétation, elles sont cultivées là où l'on trouve de la terre végétale, elles sont plantées de sapins, couvertes de verdure ; quelquefois et souvent, elles ne présentent à l'œil que le rocher et le sommet est couvert de neige. Au pied des Alpes, on cultive la vigne ; ainsi en bas, la température y est chaude et à mesure que l'on s'élève, le thermomètre descend jusqu'à la glace. Après la traversée du Mont-Cenis, sous le tunnel, nous sommes passés entre des rochers d'une élévation prodigieuse, et à nos côtés il y avait une vallée dont la profondeur est comme un abîme, ce pays est habité ; il y a là de petites maisons accolées au flanc des montagnes, comme les nids d'hirondelles sont collés à nos fenêtres. Il y a quelquefois une petite agglomération de maisons, mais ce qui est à l'honneur de ces populations catholiques, il y a presque toujours une église. Cette consolation doit leur être nécessaire, car ils paraissent pauvres, les maisons ont un misérable aspect ; elles sont couvertes en pierres plates, taillées inégalement, ce qui est très disgracieux à l'œil. Quand la neige tombe, ils sont ensevelis dessous plusieurs semaines, sans communication avec les autres villages.

Ce voyage est certainement plus agréable, plus curieux au point de vue des sites, que celui que nous avons fait à Lourdes.

Je ne puis rien te dire ni de Mâcon où nous sommes arrivés le soir et partis au soleil levant, ni de Turin où nous sommes entrés après le coucher du soleil ; nous en repartons demain matin pour aller à Florence où nous n'arriverons que tard, après douze heures de voiture.

Je ne suis pas fatigué, et toutes ces magnificences de la nature me font grand plaisir à voir. Son Eminence va très bien.

Ton frère bien dévoué,
Isaac.

P.-S. — Cette lettre faite ce soir ne partira que demain matin samedi, et peut-être ne la recevras-tu que lundi. Tu peux dire que Son Eminence n'est pas fatiguée du voyage et jusqu'ici traitée avec beaucoup d'égards par tous les employés de chemin de fer; le compartiment de chemin de fer qu'Elle occupe lui a été réservé à Elle et à sa suite. Ainsi nous ne sommes pas pressés en voiture et Son Eminence nous autorise à regarder aux portières, à droite, à gauche, avant et après Elle, à notre guise. Elle nous fait remarquer ce qui nous échappe.

Florence, dimanche soir, 24 septembre.

MA CHÈRE SŒUR,

Nous sommes arrivés hier soir à Florence. Nous avions fait un trajet d'environ cent trente lieues en douze heures de voiture; nous avons traversé Alexandrie, Plaisance, Parme, Modène; nous avons dîné à Bologne, puis nous avons escaladé les Appennins, montagnes aussi élevées que les Pyrénées. C'était sur le soir; la lune dans son faible croissant n'éclairait guère les beaux sites de ces petites Alpes, et quand nous sommes arrivés au sommet, l'obscurité ne nous a pas permis de contempler les merveilleuses beautés qui sont sur le versant du côté de Florence. Au bas des Apennins se trouve la ville de Pistoie où nous avons stationné cinq minutes sans rien voir; de Turin à Bologne, le chemin traverse de magni-

fiques plaines, plantées de mûriers, de vignes, et cultivées comme dans le pays de Caux. La terre est fertile
et à l'horizon de droite, nous avions la chaîne des
Apennins. Les villes qui se sont trouvées sur notre passage attestent la richesse du pays. Ces villes étaient
avant l'unification de l'Italie des villes capitales; ainsi
Turin, capitale du Piémont avec deux cent mille habitants; Parme avec quarante mille; Modène vingt mille;
Bologne, deuxième capitale des Etats de l'Eglise, cent
vingt mille habitants; Florence, capitale de la Toscane
cent mille habitants. Nous avons passé le dimanche à
Florence, dit la messe chez les Franciscains, puis après
la messe j'ai pris un guide, puis une voiture et j'ai visité
quelques églises : Santa Croce, le Dôme, le Baptistère
San Lorenzo, Santa Maria Novella; après dîner, nous
avons visité avec Son Eminence Santa Annunziata et
nous sommes allés aux Chartreux de Florence. Ces bons
Pères accueillent avec grand'bonheur la visite de Son
Eminence; nous avons assisté à leurs vêpres et ils nous
ont montré leur établissement dans le détail. La situation de leur monastère jouit d'un magnifique panorama...
Ce que j'ai vu, je n'en pourrais rendre compte. La
richesse des églises consiste en tableaux, en statues et
tombeaux en marbre. Ainsi, la cathédrale qu'on appelle
le Dôme, est revêtue de marbre blanc et noir à l'extérieur; elle est très vaste, plus peut-être que la nôtre;
les orgues y rendent des sons très suaves. La Santa Croce
est très remarquable par ses fresques. Les fresques sont
des peintures murales comme on en voit à Saint-Godard;

mais ces peintures sont immenses, et presque toutes ont été faites par de grands maîtres. Il faut en dire autant des statues de marbre et de bronze ; j'ai vu une porte de bronze au Baptistère. On a dit de cette porte qu'elle mériterait d'être la porte du paradis ; j'espère que la porte du paradis sera plus belle encore et la description que nous en fait saint Jean dans son Apocalypse ne nous laisse aucun doute à cet égard ; mais c'est vraiment une belle porte. Au retour des Chartreux, nous avons fait le tour de la ville par une promenade dont la création aurait coûté, nous a-t-on dit, trente millions ; c'est beaucoup, mais toutefois elle est grande, et pour les promeneurs à pied, les bas-côtés sont pavés comme les trottoirs de la ville. Nous avons pu jouir du coup-d'œil de Florence dans cette promenade ; nous contemplions le fleuve de l'Arno et ses quatre ponts, les campanilles de ses églises, le dôme de sa cathédrale qui s'élève à 270 pieds et qui a 120 pieds de diamètre, par conséquent 360 pieds de circonférence. Michel-Ange, le grand architecte disait du Dôme : Il serait difficile de faire aussi bien ; il est impossible de faire mieux. Nous avons eu de la pluie à Florence sur les cinq heures de l'après-midi, et comme j'achève cette lettre lundi matin, je constate qu'il a plu cette nuit, les pavés sont mouillés.

Tout ce que je vois me semble beau et très beau et j'ai une grande jouissance dans ce voyage, Monseigneur est très bon pour nous. Lui-même nous fait remarquer ce qui mérite notre attention. Il a dû envoyer des dépêches télégraphiques qui disent son état de santé, mais tu peux

dire que jusqu'ici, notre voyage s'est accompli heureu-
sement. Nous allons bientôt monter en voiture pour ne
descendre qu'à Rome où nous comptons arriver vers
quatre heures ; nous logerons à l'ambassade française,
mais aussitôt que nous serons installés, je t'enverrai mon
adresse, mes compliments à M. Podevin, etc. Adieu ma
chère sœur, je ne suis éloigné de toi que d'environ
280 lieues, mais le voyage se fait promptement.

Ton frère bien dévoué,

Isaac.

Rome, 25 septembre 1876.

Ma chère Sœur,

Je t'écrivais ce matin de Florence, je m'empresse à
notre arrivée à Rome, de te faire savoir que nous avons
fait un heureux, très heureux voyage ; nous n'avons
souffert que d'une chose, de la poussière ; mais quel
dédommagement dans la beauté des sites que nous avons
rencontrés sur la route ! L'Italie est le pays le plus
accidenté que j'aie vu ; la terre n'est pas aussi fertile
que celle que nous avons traversée de Turin à Florence,
mais beaucoup de vignes qui m'ont fait faire bien des
péchés d'envie. Que j'aurais voulu arracher une grappe
à ces vignes qui pliaient sous le poids de leur abondance !
j'ai vu bien des *Montagnes des Oliviers*. Nos herbages
plantés de pommiers, nous donnent l'idée d'un plant
d'oliviers. L'olivier a la même forme que nos pommiers

et l'olive est grosse comme un gland de chêne. Les villes par lesquelles nous sommes passées ne sont pas importantes. Nous avons vu le Monte Rotondo, où les français mirent en déroute les révoltés de Garibaldi pour achever leur défaite à Mentana qui y touche ; mais l'endroit n'est remarquable que par ce souvenir. Les bœufs de ce pays ont de longues cornes qui s'allongent en pointes et ils seraient très dangereux, s'ils n'avaient une bonne figure de douceur que je ne crois pas trompeuse. La couleur de ces bonnes bêtes est une couleur eau de savon ; ils doivent être d'une grande sobriété, car la terre qu'ils pâturent dans la campagne de Rome ne produit que de mauvaises plantes. Je ne saurais te rendre l'aspect de ce pays autrement que par une comparaison toute petite, mais que tu agrandiras avec ton imagination. Tu as vu dans un herbage un amas de taupinières, eh bien, donne à la taupinière les proportions d'une colline et tu auras l'idée du pays ; et le pays de collines est toujours encadré, d'un côté par la chaîne des Apennins qui ont des pics assez élevés pour être couverts de neige, je l'ai vu encore aujourd'hui.

A une ou deux lieues de Rome, quand nous longions le Tibre, j'ai aperçu le Dôme de Saint-Pierre, il domine la ville et la campagne à une grande hauteur car je crois qu'il a 310 pieds et il est bâti sur une colline.

J'ai vu de loin Saint-Jean de Latran et Sainte-Marie-Majeure, j'ai traversé des ruines à côté desquelles s'élèvent de nouvelles constructions ; mais je n'ai rien vu que de loin et en passant ; je m'empresse de t'écrire dans la pensée que ce qui te préoccupe pour le moment, ce ne sont pas les descriptions que je pourrais te faire, mais l'état de nos santés. Quoique je n'en sois pas chargé, tu peux dire que Son Eminence a fait le voyage sans fatigue ; toutes les Compagnies de chemin de fer ont eu pour Elle les plus grands égards. De Florence à Rome, on a mis à sa disposition un wagon-salon avec un lit, et ce qui pouvait servir pour une famille de douze personnes a été laissé à l'usage exclusif de Son Eminence, de M. Périer et de moi.

Tout à l'heure, Son Eminence vient de me conduire sur le terrain du palais Colonna que nous habitons, et, du haut de la terrasse, j'ai eu le panorama d'une grande partie de la ville. Le soleil qui venait de se coucher ne laissait plus qu'une lumière indécise et je n'ai eu qu'une vue confuse. Ma lettre ne partira que demain, il est maintenant trop tard. Le palais où loge Son Eminence appartient au prince Colonna, il est bâti sur le Quirinal, les jardins sont très vastes, étagés, et de la terrasse supérieure on domine la partie de la ville qui est au pied. Les appartements sont pavés en mosaïque, les salles et salons sont grands comme la grande salle à manger du palais, les escaliers sont plus larges que ceux de l'Hôtel-de-Ville...

Ton bien dévoué frère,

ISAAC.

Rome, 4 octobre 1876.

Ma chère Sœur,

Je te donne l'assurance que ma santé est parfaite, je mange bien, je bois passablement, je dors bien mais pas longtemps ; le climat de Rome me convient à merveille. Il fait chaud autant que chez nous au mois de juillet dernier, le temps est au beau fixe, il n'y a pas un nuage au ciel qui est d'une pureté presque inconnue en France, je suis très occupé, c'est pourquoi je n'ai pu t'écrire tous les jours ; mais les lettres assez nombreuses que j'ai envoyées ont donné de mes nouvelles qui ont pu te revenir. J'ai écrit à M. Legros, à M. Delahaye, à la Visitation, à l'abbé Podevin et je les priais de t'en donner connaissance ; je ne sais quand nous quitterons Rome, je pense que ce sera lundi ou mardi. Son Eminence a la bonté de revenir par Lorette où est la maison de Nazareth, habitée autrefois par la sainte Vierge et Notre-Seigneur. Si j'ai du temps dans le voyage, je te tiendrai au courant ; le projet de retour de Son Eminence nous ferait arriver à Paris vers le 14 octobre, mais il ne faut plus m'écrire à Rome, ta lettre nous trouverait partis. Je t'écrirai le jour de notre départ quand il sera fixé définitivement, j'ai bien employé mon temps, j'ai visité beaucoup, mais je ne verrai pas le quart de ce qu'il y a à voir. J'ai eu la consolation de voir le saint Père à trois différentes reprises, je lui ai baisé le pied, je lui ai baisé la main, je ferai en sorte d'acheter un chapelet et de le lui faire bénir; mais la chose n'est pas aussi facile qu'on le pense. Aujourd'hui j'accompagne Son Eminence chez le cardinal Antonelli, mais j'attendrai dans un salon tout le temps de l'audience; hier, j'ai eu le privilège de dire la messe dans la crypte, sur les corps de saint Pierre et saint Paul; j'ai dit cette messe pour toi, mes amis et bienfaiteurs; j'ai fait la rencontre de l'abbé Dicquemare et de l'abbé Chevalier, je suis sorti plusieurs fois avec eux; on est heureux de retrouver des connaissances en terre étrangère. Hier, j'ai visité l'endroit où l'apôtre saint Jean fut plongé dans une chaudière d'huile bouillante; j'ai vu une pierre où Notre-Seigneur a laissé l'empreinte de ses deux pieds quand il vint à Rome, la croix sur ses épaules pour ramener saint Pierre au martyre; j'ai vu une des flèches qui servit à percer le corps de saint Sébastien, j'ai vénéré ces reliques; j'ai visité *les grandes catacombes des temps anciens*, j'ai vu le tombeau vide de saint Fabien, l'endroit où l'on a retrouvé le corps de sainte Cécile, où saint Etienne, pape, a été martyrisé, où saint Maxime a été décapité; le tombeau vide où primitivement avaient été déposés les corps de saint Pierre et saint Paul, la tombe de saint Lucien, je suis descendu dans un columbarium, c'est une catacombe des païens, je suis passé sous une porte qui existait avant Notre-Seigneur, j'ai vu des murailles qui ont deux mille cinq cents ans d'antiquité, j'ai vu un autel où saint Jérôme célébrait la messe, j'ai vénéré les reliques de sainte Anastasie; ce matin, j'ai vénéré celles des apôtres saint Jacques et saint Philippe, découvertes dernièrement;

cette après-midi, j'accompagne Son Eminence au mont Marius, sur lequel apparut, à Constantin, la croix avec cette inscription : tu vaincras par ce signe.

Rome est une ville pleine de souvenirs, une vie d'homme ne suffirait pas à les explorer tous ; malheureusement elle est soumise à une nouvelle invasion des barbares. C'est la ville sainte et maintenant le diable y établit son règne. Hier, toutefois, c'était l'anniversaire du plébiscite, c'est-à-dire du choix de Victor-Emmanuel comme roi par la population ; mais la fête a passé inaperçue. Après la messe, toute messe, le célébrant récite trois fois *Ave Maria, Salve Regina*, et quatre oraisons ; tous les fidèles, toujours en grand nombre, récitent de tout cœur cette prière prescrite pour obtenir la délivrance. Les prêtres sont pauvres parce qu'ils sont dépouillés, les habitants sont pauvres parce qu'ils sont écrasés d'impôts.

Le palais que nous habitons est grand comme une ville ; il y a des salons d'une telle dimension, que trois mille bougies allumées ne réussissent pas à l'éclairer parfaitement ; il y a des tableaux, des statues, des meubles d'un prix très élevé.

Pour visiter Rome avec fruit, il faudrait non seulement du temps et de l'argent, mais connaître un peu l'italien ; nous sommes parfaitement traités, mais Son Eminence dépense beaucoup. Elle a cinq domestiques, plus un cocher et une voiture à deux chevaux, ainsi le veut l'étiquette ; les vivres sont d'un prix fou, et les

pauvres qui pullulent prélèvent un lourd tribut sur sa
bourse.

Ton frère bien dévoué,
Isaac.

Dimanche, 8.

Ma chère Sœur,

Je partirai de Rome sans avoir vu tout ce qu'elle présente de curieux et d'intéressant. Il faudrait un an. Un
séjour aussi rapide que le mien, avec l'assujettissement
à rentrer aux heures, rend les excursions moins com-
plètes. Toutefois, j'ai eu un immense avantage, je dois à
Son Eminence d'avoir vu le saint Père, d'être entré
dans plusieurs sanctuaires inaccessibles aux simples particuliers. Son Eminence a fait plusieurs courses pour
répondre à nos désirs et bien que je n'aie pu tout voir,
j'en ai vu assez pour remporter d'ici le meilleur souvenir. Pour moi, Rome est la ville incomparable, et quoiqu'elle soit six fois moins peuplée que Paris, elle me
paraît cent fois plus intéressante et je dirai plus magnifique, plus grandiose, et certainement plus monumen-
tale.

Le climat de Rome donne la fièvre à ceux qui n'ont
pas de précaution. Nous y éprouvons des chaleurs exceptionnelles ; ainsi, le thermomètre marque à l'ombre
vingt-huit degrés, au soleil quarante degrés, ce sont les
plus fortes chaleurs que nous éprouvions en France. Le
matin et le soir, la température s'abaisse considérable-

ment, on est obligé à certaines précautions ; je prends tous les matins du café au lait, le midi un repas de viande plus tendre que chez nous, et le soir de même. Poulets, pigeons, cailles, filets de bœuf, chicorée cuite, pommes de terre en purée, purée de lentilles ; pour dessert, raisin, pêches conservées, poires. Cette cuisine ne ressemble point à la nôtre, mais j'ai bon appétit et j'y trouve ma nourriture.

Samedi, j'ai accompagné Son Eminence dans sa promenade, nous sommes allés dans une villa, c'était la villa Volouski. Uue villa c'est un parc de château, mais le parc du château de Villequier n'est rien, comparé à ces villas ; nous avons trouvé là des antiquités très intéressantes, et en revenant nous avons visité l'église de Saint-Pierre-ès-Liens. C'est dans cette église que se conservent les chaînes de saint Pierre : celle dont il fut enchaîné à Jérusalem et celle dont il fut enchaîné à Rome. L'impératrice Eudoxie ayant apporté à saint Grégoire, je crois, la chaîne de Jérusalem, le pape l'approcha de celle de Rome et tout aussitôt ces deux chaînes se soudèrent spontanément de manière à n'en faire qu'une. Comme il n'y avait pas de prêtre là, j'ai pris le surplis et l'étole, et de mes mains j'ai décroché les chaînes, je les ai approchées de Son Eminence qui les a vénérées, j'ai fait de même et je les ai remises en place... Plus loin, j'ai visité l'église Saint-Sylvestre et Saint-Martin. Saint Sylvestre est le pape qui baptisa Constentin, il vivait en 318 ; c'est lui qui a bâti cette église, il y tint deux Conciles en 324 et 325 ; j'ai vu là une sainte Vierge devant laquelle il priait ; au-dessus de cette église, il y en a deux autres superposées et, bien entendu, bâties l'une sur l'autre dans le courant des siècles. Dans la matinée, j'avais visité deux églises très intéressantes, celle de l'Ara Cœli ; cette belle église à laquelle on monte par un large escalier de marbre qui a 120 marches, a été bâtie sur l'emplacement d'un autel érigé par Auguste qui avait eu, le jour de la naissance de Notre-Seigneur, une apparition de la sainte Vierge et du divin enfant. Il y a dans cette église un petit édicule qui consacre cette tradition ; puis, à la suite de cette visite, j'ai prié dans l'église de Saint-Joseph-des-Charpentiers. Notre pauvre père aurait fondu en larmes dans cette église de son bon patron, surtout s'il avait connu les souvenirs qui s'y rattachent. Sous cette église est la prison Mamertine dans laquelle furent enchaînés saint Pierre et saint Paul pour aller de là au supplice, je suis descendu dans cette prison obscure, humide, par un escalier de 45 marches. Il y a un autel où l'on dit la messe, il y a aussi une fontaine que saint Pierre fit jaillir pour baptiser ses geôliers qu'il avait convertis. Tu vois comme tout est intéressant à Rome, on marche dessus les souvenirs miraculeux : de là, je suis allé à la Visitation, sans doute que ces bonnes religieuses sont peu visitées, car j'ai eu toutes les peines du monde à les trouver, j'y suis resté peu de temps et je n'ai parlé qu'à travers la porte ; si elles ont une réponse à la lettre que je leur ai portée, elles me l'enverront avant mon départ.

C'est probablement mercredi que nous partirons ;

demain, lundi, Son Eminence aura sa dernière audience du saint Père et nous l'accompagnerons pour avoir peut-être une bénédiction pour nous et les nôtres; c'est à regret que je laisserai Rome, je l'aime plus que je ne peux le dire, j'aime ses églises antiques qui touchent aux apôtres; aujourd'hui je suis retourné à l'Ara Cœli où est l'image de la sainte Vierge, peinte par saint Luc l'évangéliste, Maintenant, je t'écrirai ou avant de partir ou en chemin, sois sans inquiétude sur ma santé qui est excellente.

Ton frère bien dévoué,

ISAAC.

La lettre suivante a été adressée à M. l'abbé Isaac, curé-doyen d'Envermeu.

Rome, 10 octobre 1876.

MON CHER AMI,

Sans doute, tu remarques le nom de la ville, de laquelle je date ma lettre, Rome! je crois rêver et pourtant je suis bien à Rome. J'ai vu le saint Père, j'ai vu saint Pierre, j'ai vu la ville éternelle, j'ai passé et repassé le Tibre. Hélas! je laisse demain ces lieux si pleins de souvenirs et si grands par les faits du passé, par la majesté des édifices et la sainteté des personnages qui y ont vécu et qui y sont morts. Le caractère de Rome, c'est la grandeur et la solidité, j'ai vu les murs construits par Servius Tullius et on les verra jusqu'à la fin du monde, j'ai vu saint Pierre, c'est une montagne de pierre et de marbre; sur les dalles de marbre de saint Pierre, on lit la mesure des plus grands édifices religieux du monde. Sainte Sophie de Constantinople est un tiers plus petit, le dôme, cathédrale de Florence a 140 pieds de moins. Aucune description ne peut rendre la beauté de saint Pierre, il faut voir; et quand on voit, on est ravi d'admiration; j'ai eu la faveur de dire la messe à la crypte de saint Pierre où reposent les saints apôtres, je l'ai dite pour les miens, tu y avais ta part; j'ai vu le saint Père quatre fois, je lui ai baisé le pied une fois, la main deux fois, je lui ai demandé la bénédiction pour moi et les miens et les bons chrétiens que j'avais dans l'intention. Comme il n'est possible de voir le saint Père qu'en passant, j'avais écrit, sur une feuille de papier, les noms sur lesquels je voulais appeler la bénédiction du saint Père, c'est pourquoi je lui ai demandé de bénir ceux que j'avais dans mon intention; sur ma feuille, ton nom et ceux de ta famille et ta paroisse, y étaient. C'était hier onze heures un quart qu'a eu lieu cette bénédiction.

Il faudrait un an pour voir Rome; et la vie d'un homme et la science d'un bénédictin ne suffiraient pas à explorer toutes les mines qui sont en exploitation, sans compter celles qui sont à découvrir, car le sol bouleversé par les barbares et le temps, renferme des richesses inconnues. Les églises les plus riches sont Saint-Pierre, Saint-Jean-de-Latran, Saint-Paul hors des murs, Sainte-Marie-Majeure; Sainte-Croix-de-Jérusalem. Ces richesses consistent en marbre, statues, tableaux, fresques, mosaïques ; mais tout cela est splendide et nous n'avons rien qui nous en donne l'idée chez nous ; mais, à côté de ces églises si riches, il en est d'autres qui sont aussi et même plus intéressantes par les souvenirs, par les reliques, par leur antiquité. Je suis descendu par un escalier de 45 marches dans la prison Mamertine, d'où saint Pierre et saint Paul allèrent au supplice, j'ai vu le trou de la croix de saint Pierre, la colonne de marbre sur laquelle saint Paul fut décapité, j'ai bu de l'eau des trois fontaines que fit jaillir sa tête en bondissant trois fois, j'ai tenu dans mes mains les chaînes de saint Pierre, j'ai baisé deux épines de la couronne, un des quatre clous, un morceau de la colonne de la flagellation, de la crèche, la vraie Croix, le doigt scrutateur de saint Thomas, je suis descendu dans une église de saint Sylvestre, où ce pape tint deux Conciles, en 324 et 325, pour confirmer le Concile de Nicée ; j'ai vu une Vierge devant laquelle il priait, j'ai vu sur une dalle, extrait de la voie appienne, l'empreinte des deux pieds de Notre-Seigneur quand il apparut à saint Pierre pour qu'il retournât à Rome, une des flèches qui percèrent saint Sébastien et la colonne à laquelle il était attaché ; j'ai vu saint Jean porte-latine, l'endroit où il fut descendu dans une chaudière d'eau bouillante ; je ne parle pas du Colysée, j'ai monté à genoux la Scala Sancta, sur laquelle Notre-Seigneur a laissé tomber des gouttes de sang après la flagellation. Une église qui m'a beaucoup intéressé est l'église de l'Ara Cœli. En elle-même, elle mérite la sérieuse attention du voyageur, à cause de son antiquité, j'y ai vu deux ambons ; c'est là qu'est conservée l'image de la sainte Vierge, peinte par saint Luc. Cette image, en grande vénération, a été portée en procession par saint Grégoire le Grand, quand l'ange apparut dans Rome, là où est maintenant le château Saint-Ange ; de plus, le corps de sainte Hélène y repose à côté du sanctuaire dans un petit édicule, enfermé dans un magnifique tombeau de porphyre ; mais ce qui m'a surpris et intéressé surtout, c'est que cette église, bâtie à la place du temple de Jupiter Capitolin, a succédé à un autel élevé par *Auguste* au fils de Dieu. *Ara primogeniti Dei.* Il montait au Capitole pour y faire un sacrifice aux Dieux et voici qu'il a une vision, il voit au ciel la sainte Vierge tenant le divin enfant dans ses bras, et la sainte Vierge lui dit de vénérer ce lieu parce qu'il devait être le centre d'où son fils dominerait le monde, et Auguste éleva *Ara primogeniti Dei.* Il y a une inscription qui atteste le fait.

C'est aussi dans cette église qu'est conservé le sacrobambino, en vénération à toute la population de Rome, qui y vient faire ses dévotions, de Noël à la Chandeleur. Je ne saurais te dire les délicieuses jouissances que j'ai éprouvées dans mes excursions, j'ai un bonheur indicible d'être venu à Rome et je regrette d'en partir sitôt ; mais j'emporte le plus doux souvenir, toutefois ce n'est pas sans sacrifice. Depuis notre arrivée, le 25 septembre, nous avons au soleil quarante degrés, à l'ombre vingt-sept, et avec cela il faut se garer contre le frais du soir

et du matin sous peine de gagner la fièvre. Demain,
nous allons à Ancône, après-demain à Lorette où nous
dirons la messe vendredi, nous passerons le dimanche à
Turin et serons rentrés à Paris le mardi soir.

Ton ami dévoué,

Isaac.

Ancône, mercredi soir, 11 octobre.

Ma chère Sœur,

Nous sommes partis le matin de Rome et sommes
arrivés ce soir à Ancône. C'est un port de mer situé sur
la mer adriatique. Je n'aurais jamais pensé que je ver-
rais cette mer. Demain matin nous allons à Lorette, j'ai
l'intention d'y célébrer la messe pour nous et nos amis.
Cette messe se dit dans la maison de Nazarette habitée
autrefois par la sainte famille. Je t'écrirai prochai-
nement pour te faire connaître la suite de notre
voyage. Il est trop tard, sans quoi je te parlerais des
beautés de la route qui s'est faite presque toute entière
dans les Apennins. Nous avons vu les plus beaux sites,
de chaque côté du chemin de fer nous avions des aspects
grandioses, admirables, et cela sur un parcours de
75 lieues, mais je te demande la permission de me
reposer, bien que tout le chemin se soit fait en voiture,
il n'en est pas moins une occasion de fatigue.

Ton frère dévoué,

Isaac.

Lorette, 13 octobre 1876.

MA CHÈRE SŒUR,

Hier jeudi, nous sommes arrivés à Lorette, vers dix heures du matin, j'avais dit la messe à Ancône avant le départ. A son arrivée à Lorette, S. E. a été reçue par un chanoine de Lorette, M. de la Treiche, qui lui a offert l'hospitalité. Après le déjeûner, nous sommes allés faire nos dévotions à N.-D. de Lorette. Nous sommes entrés dans cette petite maison de la sainte Vierge, où l'ange Gabriel vint lui proposer d'être la mère du fils de Dieu, où le Verbe se fit chair en descendant dans le sein de cette humble vierge, où la sainte famille fit un séjour de plusieurs années ; je me suis représenté les travaux de la sainte Vierge : soins du ménage, cuisine, couture, blanchissage du linge, le travail auxiliaire de son fils, enfin les fatigues de saint Joseph, qui se délassait dans cette petite maison, y prenant ses repas, son repos, y écoutant la conversation de Jésus et de Marie et en y prenant part.

Cette maison peut avoir trente pieds de long sur dix-huit de large. Les murailles sont en pierres plates inégales, s'alternant avec une couche de mortier. C'est une maison de pauvre ouvrier ; en dedans la muraille est nue, elle laisse voir la pierre et le mortier. Il y a une petite fenêtre et une porte. Elle a été posée là par les anges qui n'ont pas voulu niveler le sol sur lequel ils la posaient, de manière qu'en plusieurs endroits, elle n'adhère point à la terre, mais elle est (dans cet endroit) suspendue en l'air : ce qui suffirait à prouver le miracle de la translation. Cette maison contient une niche, et dans la niche une vierge mère en bois d'olivier, sculptée par saint Luc. Il y a un autel qui recouvre l'autel consacré par saint-Pierre. Cet autel, surmonté d'un petit retable, accompagné de quatre colonnes corinthiennes, entre lesquelles sont les bustes de saint Joseph et de sainte Anne, laisse un petit espace vide qui le sépare du pignon. Ce petit réduit est occupé par un prie-Dieu, une porte en enfoncement comme l'ouverture d'une cheminée ; puis il y a une armoire dans laquelle est conservée une petite assiette, dont se servait la sainte Vierge dans ses repas, d'où ne furent jamais absentes ni la frugalité, ni la mortification. Il est expressément défendu d'enlever de cette petite maison même un grain de mortier. Un évêque, au temps du concile de Trente, fut autorisé à prendre une petite pierre pour la faire entrer dans la construction d'une chapelle qu'il voulait établir, en l'honneur de N.-D. de Lorette. Il emporta donc avec lui la précieuse relique. Mais la sainte Vierge ne ratifia pas l'enlèvement qu'il avait fait ; il tomba dans une maladie qu'on ne put expliquer ni guérir, et il ne recouvra la santé qu'en rapportant, suivant l'inspiration qu'il avait eue, la pierre distraite de ce sanctuaire qui ne doit pas être violé. Comme je remarquais quelques endroits où l'enduit me paraissait moins noir, moins antique, le religieux qui nous conduisait nous expliqua que plusieurs pèlerins, malgré la défense, avaient gratté l'enduit primitif, mais que des souffrances extraordinaires avaient puni leur pieux larcin, et qu'ils avaient été obligés de restituer ce qu'ils avaient emporté, et, que de ces restitutions réunies, les religieux avaient fait l'enduit qui me paraissait plus nouveau.

Après cette visite de jeudi nous avons obtenu la faveur d'y célébrer la messe. C'était une affaire, car il fallait occuper l'autel une heure et demie, ce qui enlevait aux prêtres inscrits, un privilège auquel ils avaient droit. Toutefois, en considération de S. E., la difficulté a été levée. J'ai pris pour moi six heures, ensuite S. E., Aujourd'hui donc, vendredi, je suis venu à l'église à cinq heures et demie du matin ; je me suis agenouillé sur le seuil de la sainte maison. J'ai demandé à la sainte Vierge de me permettre, malgré mon indignité, d'offrir le saint sacrifice dans ce sanctuaire si saint ; je lui ai promis de former le verbe dans mon âme par les vertus d'humilité et de charité, etc., puis je me suis revêtu des ornements sacerdotaux, et je suis monté à l'autel en offrant le saint sacrifice pour toi, pour tous nos amis, pour mes anciennes paroisses. J'ai taché de le faire avec recueillement et ferveur. Après ma messe, j'ai entendu celle de S. E., et nous sommes revenus chez M. l'abbé de la Treiche qui donna à S. E. une cordiale hospitalité ; nous retournerons tantôt à la Santa Casa, car c'est le nom qu'on lui donne.

Si l'on a laissé l'intérieur de la maison de la sainte Vierge nu, comme il était pendant qu'elle l'habitait, afin qu'on pût avoir un souvenir de la pauvreté de la sainte famille, il n'en a pas été ainsi de l'extérieur. Non seulement on a bâti une grande église dont elle n'est qu'une petite chapelle, mais encore on a revêtu le mur extérieur de la Santa Casa d'une muraille de marbre, et dans ce marbre on y a sculpté en relief les mystères qui se rapportent à l'incarnation.

La Santa Casa, autrement dire la maison de Nazareth, fut apportée par les anges d'abord en Dalmatie, puis ils l'apportèrent à Lorette, mais non pas à l'endroit où elle est maintenaut. Ils la déposèrent d'abord au bas de la montagne; nous sommes allés voir ce lieu où, premièrement, ils l'avaient déposée. Je rapporte un petit bouquet de plantes que j'ai cueillies à cet emplacement où elle ne fut que quelques années, après quoi les anges la transportèrent sur la colline où elle est maintenant. Aujourd'hui vendredi, dès cinq heures du matin, l'église était pleine de pèlerins, car c'est un pèlerinage on ne peut plus fréquenté et fait avec beaucoup de dévotion. J'ai vu le costume de ces paysans; les hommes y viennent en pantalon, en gilet dont le dos est semblable au devant, et en manches de chemise, mais ces manches sont fermées et plissées. Les femmes ont un jupon, une camisole blanche, un fichu, et un mouchoir sur la tête : ce sont les paysannes. Les dames ont le costume français. Sur la route, dans les champs, les hommes et même les femmes ont les pieds nus. Ils les lavent le soir avant de se coucher.

Il est soir, nous avons fait une nouvelle visite à la Santa Casa, et nous avons vu une cavité dans le mur, dans laquelle il y avait un ais en planche. C'était l'armoire de la sainte Vierge, Le bois est parfaitement conservé ; il est en sapin. On nous a montré deux nouvelles assiettes comme celle d'hier. Trois ont été pillées par les révolutionnaires de 93.

Adieu, ma chère sœur, je te verrai dans une huitaine de jours ; mais comme tu recevras ma lettre mardi, tu n'auras plus que quelques jours à attendre. Tu sais que j'ai demandé une bénédiction au saint Père pour les miens, amis, etc.

Je t'embrasse de loin : des bords de l'Adriatique.

Ton frère bien dévoué,

Isaac.

Turin, 15 octobre, dimanche matin.

Ma chère Sœur,

Quoique nous devions passer la journée ici, ma lettre ne sera pas longue, parce que le temps qui ne sera pas consacré à la prière, le sera aux visites des curiosités de la ville... Nous sommes partis hier matin de Lorette, à cinq heures, mais à Rouen il n'était que quatre heures et demie, parce qu'en Italie le soleil est en avance d'une demi-heure sur le soleil de France. Toute la journée le soleil a été très chaud et nous avons été tout le temps couverts de sueur et de poussière. Le trajet d'hier a été le plus long, nous avons eu 14 heures de voiture, et parcouru 140 lieues, en passant par Ancône, Sinigaglia, patrie de Pie IX, Imola, où il fut évêque, Rimini, Bologne, Modène, Parme, Plaisance, Alexandrie et enfin Turin, où nous sommes arrivés à huit heures du soir. La santé de S. E. est excellente. Assurément la journée d'hier a été pénible; mais la nuit a réparé toutes les fatigues. Il n'y paraît plus. D'ailleurs, aujourd'hui, dimanche, jour de repos, nous allons reprendre des forces pour parcourir les 160 lieues qui nous restent, mais le parcours se fera en deux étapes. Demain lundi, nous irons coucher à Mâcon ou à Montereau, et très probablement nous serons mardi soir à Paris. Demain nous devons passer le tunnel du Mont-Cenis, dont le trajet dure une demi-heure. Après le passage du tunnel, nous arrivons à Modane, ville frontière, et nous serons en France. Demain donc nous traversons les Alpes, et nous pourrons de nouveau jouir d'un spectacle grandiose et horrible. Il y a là des roches à pic d'une hauteur prodigieuse. Du côté de l'Italie, les Alpes sont plus tourmentées et d'un aspect plus terrifiant. Le versant qui est du côté de la France est plus gracieux, sans cesser d'être grand et majestueux ; il y a aussi plus de végétation et de verdure. Je compte prendre un tricot demain matin, afin d'être plus couvert au passage des montagnes dont le sommet est couvert de neige, et j'imagine qu'en France la température y sera bien moins élevée que celle dont nous avons joui depuis notre arrivée à Turin le vendredi 22 septembre.

Quand tu recevras cette lettre, nous serons probablement à Paris. Notre ange gardien nous a bien protégés. Nous n'avons pas eu le moindre accident, au contraire, notre voyage s'est accompli sous les meilleurs auspices. Bien des âmes ont prié pour notre heureux retour. S. E., en visitant plusieurs couvents, leur a fait des aumônes. Ils sont maintenant dans le besoin, car ils sont dépouillés de leurs biens. Il faut que les âmes charitables leur viennent en aide. A Lorette, les sœurs du bon pasteur sont françaises. Elles ont été bien heureuses de la visite de S. E. qui, après sa visite, leur a envoyé une aumône abondante. Ainsi donc, les charités de S. E. nous valent de puissantes intercessions, et nous pouvons espérer que, grâce aux prières de ces saintes âmes, notre voyage s'achèvera comme il a été commencé. Pendant la lettre que je t'écris, la fenêtre ouverte, je puis jeter un coup d'œil sur le palais du roi Victor-Emmanuel, car il n'est séparé que par une place de l'hôtel d'Europe où S. E. loge quand elle passe à Turin ; mais c'est un hôtel princier. Quant au palais du roi, il n'a rien à l'extérieur qui soit remarquable.

Je finis ma lettre en te chargeant de mes respects et compliments pour ceux qui auraient la bonté de s'intéresser à moi.

Ton frère bien dévoué,

Isaac.

Mâcon, mardi 6 heures du matin, 17 octobre 1876.

Ma chère Sœur,

Je commence cette lettre à Mâcon, et probablement que je ne la mettrai à la poste qu'à Paris, afin que tu l'aies mercredi matin. Si le timbre de la poste porte Paris, ce sera la preuve que nous sommes de retour. Je prends cette précaution parce qu'en arrivant à Paris je n'aurai pas le temps de t'écrire entre l'arrivée et le départ de la poste.

Assurément je ne puis préjuger de la fin du voyage, mais j'espère que l'ange gardien qui nous a protégés tous les jours, depuis notre départ, voudra bien nous accorder la même faveur pour le reste du trajet. En comparaison du chemin parcouru, ce qui nous reste à faire est peu, mais en soi c'est beaucoup. Nous sommes dans le diocèse d'Autun, le même diocèse que Paray-le-Monial, et peut-être la même distance. Nous partons ce matin à huit heures et nous devons arriver à six heures et demie, sans arrêter qu'à Dijon où nous déjeûnerons. Je t'ai écrit de Turin, après le départ de ma lettre j'ai visité le palais du roi ; j'ai trouvé là les mêmes magnificences que nous avons à Paris. On trouve dans ce palais, la plus belle collection des vases du Japon, et de vases étrangers ; et ces derniers sont plus curieux et plus précieux parce qu'ils ont une antiquité de plus de deux mille cinq cents ans, et qu'ils attestent qu'à cette époque reculée, les arts savaient produire de belles choses et des choses durables. Et puis, chose étonnante, ces vases fragiles ont survécu à l'existence du peuple qui les a produits ; car il y a longtemps qu'il n'est plus question des Etrusques. L'après midi, nous avons visité l'église du Saint-Suaire, nous avons vu l'arche qui le renferme. Nous sommes allés au séminaire, S. E. a prêché. Parmi les séminaristes, il y en avait qui portaient l'uniforme de soldats, car dans le royaume d'Italie, ni les séminaristes, ni même les prêtres ne sont exempts du service militaire. Ces séminaristes portent la soutane violette avec boutons rouges, comme les évêques, mais ils portent dignement le costume. Ils nous ont édifiés par leur piété. Une petite excursion le long du Pô nous a permis de voir les environs de Turin qui sont magnifiques.

Enfin lundi matin nous sommes montés en chemin de fer, à neuf heures du matin, et nous sommes arrivés à Mâcon à huit heures et quart, c'est-à-dire onze heures de voiture. Malgré ce long trajet, S. E. va très bien, et toute sa suite participe à sa bonne santé. Le parcours que nous avons suivi a été la traversée des Alpes ; c'est un trajet de vingt lieues ; c'est au point culminant du parcours que se trouve le Mont-Cenis, percé d'un tunnel, la traversée du tunnel a duré vingt minutes. Le passage des Alpes est splendide, surtout quand on le fait par un beau soleil. L'aspect des montagnes donne, de la puissance de Dieu, une idée aussi saisissante que l'immensité de l'océan. Et vraiment, le génie humain est capable aussi de choses merveilleuses, car cette route, au milieu des Alpes, a eu à vaincre les plus grandes difficultés ; mais, c'est encore là une gloire qui revient à Dieu qui a si bien doué l'homme. Après la traversée des Alpes, nous avons trouvé sur notre chemin l'évêché de Maurienne qui ressemble à Villequier, l'archevêché de Chambéry qui ne se présente pas si bien que Caudebec, Aix-les-bains, grand comme Clères. Puis, après être sortis de la Savoie, nous avons rencontré Bourg, chef-lieu de département et évêché du vénérable curé d'Ars ; mais la nuit était venue et il n'était plus possible de rien voir. A notre arrivée à Mâcon nous avons dîné ; on nous a servi du vin de Mâcon et du raisin de Mâcon. J'ai trouvé l'un et l'autre excellents. Nous allons directement à Paris.

Je suis on ne peut plus content de mon voyage ; ma satisfaction a surpassé mon attente, et je suis bien reconnaissant à S. E. à qui je le dois. Monseigneur le cardinal a fait, à mon intention et pour me faire voir des choses qu'il connaissait bien, des excursions dispendieuses et fatigantes. Prie avec moi le bon Dieu de l'en récompenser.

Ton frère bien dévoué,

Isaac.

VI.

La vie de M. Isaac, comme vicaire général, a été très remplie, mais elle n'a été marquée par aucun de ces évènements considérables qui sollicitent l'attention de l'histoire. Profondément dévoué à son Eminence et aux devoirs de sa charge, il a pris sa part des belles œuvres qui ont marqué les dix années dont nous nous occupons et qui furent la dernière période de l'épiscopat glorieux et fécond de Mgr le cardinal de Bonnechose. Il avait en partage les archidiaconés de Dieppe et d'Yvetot qu'il connaissait parfaitement et où son administration était tenue en estime et en bénédiction. Il accompagna Monseigneur, dans ses visites pastorales, dans ces deux arrondissements, laissant partout les plus doux souvenirs de son séjour. Aimable envers tous, appliqué aux affaires, agréable aux curés, toujours de bonne humeur, de bon conseil et du commerce le plus facile et le plus sûr, il édifiait prêtres et fidèles par sa piété et son humilité. Il savait, dans les affaires difficiles ou délicates, intervenir à propos, ménager les intérêts divers, proposer la solution opportune et mettre dans les rouages cette huile de la bonté et de la charité qui assure le succès bien plus que les coups d'autorité et les habiletés de la diplomatie. Ce n'est pas à dire que M. Isaac fût dépourvu de finesse; il avait au contraire l'esprit délié et avisé, et s'il avait suivi sa pente, il eût été caustique au besoin, mais ce qui dominait en lui c'était la bonté, une vraie, une grande, une souveraine bonté. Il aimait les hommes, il aimait surtout les prêtres qu'il regardait et traitait comme ses meilleurs amis, ses frères toujours chéris. Il aimait les âmes, et toute sa vie il a mis en pratique ce conseil si apostolique de Fénelon : « O pasteur d'Israël, travaillez dans la pure foi, sans consolation, s'il le faut; possédez votre âme en patience. Plantez, arrosez, attendez que Dieu donne l'accroissement; ne dussiez-vous jamais procurer que le salut d'une seule âme, les travaux de votre vie entière seraient bien employés. » C'est bien à lui qu'on pouvait appliquer ces traits sous lesquels le grand archevêque de Cambrai nous dépeint le vrai prêtre, le bon pasteur : « O pasteur, loin de vous tout cœur rétréci ! Elargissez, élargissez vos entrailles. Vous ne savez rien si vous ne savez que commander, que reprendre, que corriger, que montrer à la lettre de la loi. Soyez pères, ce n'est pas assez; soyez mères; enfantez dans la douleur; souffrez de nouveau les douleurs de l'enfantement à chaque effort qu'il faudra faire pour achever de former Jésus-Christ dans un cœur. »

M. Isaac fut nommé supérieur des religieuses carmélites, du second monastère de la Visitation, des sœurs du B. P. Fournier de Caudebec. C'est là, dans ces saintes communautés, qu'il se montra dans toute sa sagesse, sa piété et sa paternité. Nous ne pouvons reproduire tous les témoignages que nous possédons de la vénération et de la reconnaissance de ces communautés. Nous citerons seulement une lettre de la supérieure de l'un de ces couvents qui nous a paru plus caractéristique et qui résume toutes les autres.

Le 16 mars 1885.

Les premières fois que j'ai vu M. l'abbé Isaac, c'était avec Mme veuve D. Dès que j'eus parlé un peu avec lui, je fus intimement persuadée que j'avais à faire à un saint. J'étais toute jeune religieuse ; je ne venais au parloir que comme simple assistante ; et ce saint ecclésiastique daigne entrer en conversation avec nous avec une simplicité touchante. J'étais tout étonnée de voir qu'un vicaire général, se mesurant à ma petitesse, daignait me demander mes sentiments, mes pauvres appréciations sur la vertu. A mes yeux *il transpirait l'humilité ;* je dois ajouter que rien dans la suite n'est venu détruire cette première impression. Puisque je viens de citer le nom de Mme D., je me permettrai de vous rappeler, digne Mademoiselle, toutes les bontés de votre frère vénéré pour ce jeune ménage. Après avoir converti la jeune femme si mondaine, il convertit aussi le jeune mari.

Parmi nous, M. Isaac a toujours été père et *un bien bon père* que *nous regrettons toujours*. Pour ma petite part je peux dire qu'il a été tendrement paternel. Comme il savait bien que j'étais sûre de sa bonne affection, il s'exerçait parfois à faire le sévère dans les occasions où nous lui demandions des permissions qu'il ne croyait pas devoir accorder, mais il avait beau essayer de raffermir son visage, un sourire venait bien vite trahir son cœur, et ce sourire merveilleusement bon détruisait tous ses petits plans de résistance. Une fois, c'était pendant une retraite pastorale, il était au Mont-aux-Malades, nous lui écrivîmes pour obtenir je ne sais plus quelle autorisation, peut-être s'agissait-il d'un salut de faveur. Notre bon père de loin était plus fort. Aussi reçus-je un refus très bien conditionné. Bien vite je lui envoyai mes excuses, lui exprimant mon regret de lui avoir demandé une permission qu'il croyait si peu juste. Ce bon père m'écrivit de nouveau en des termes touchants de paternelle bonté : « Vous avez cru à l'orage, me disait-il, mais non, le ciel était serein, et il le sera toujours pour vous ; Dieu me préserve jamais d'affliger votre âme... »

De son côté, un prêtre, autorisé par ses rapports

spirituels avec le 2ᵉ monastère de la visitation, nous
a écrit :

Les religieuses de la Visitation, rue des Capucins, se
font un devoir et un bonheur de témoigner toute la
reconnaissance et les sentiments de piété filiale qu'elles
conservent au vénéré M. Isaac, leur digne supérieur,
qui n'a cessé, en cette qualité, de les entourer du dévouement le plus paternel.

Il se préoccupait, avant tout, du bien et du progrès
de leurs âmes ; il aimait à s'entretenir avec elles de ce
qui pouvait le procurer, et il les édifiait par ses pieuses
conversations inspirées par tout l'esprit de foi qui le
caractérisait, et empreintes des sentiments de l'humilité
la plus profonde.

Au milieu des occupations graves et multipliées qui
remplissaient sa vie, il cherchait à consacrer à ses religieuses le plus de temps qu'il lui était possible, mais,
désireux d'en utiliser tous les instants, il employait à la
prière ceux qu'il lui fallait prendre pour se rendre à la
communauté, et lorsqu'on ouvrait la grille du parloir,
on le trouvait récitant son chapelet.

La sollicitude dont il entourait les âmes ne lui faisait
pas négliger les intérêts temporels de la communauté ;
il veillait à ce que chaque religieuse eût ce qui pouvait
lui être nécessaire, et il s'inquiétait surtout des malades
auxquels il avait à cœur de procurer les remèdes et les
adoucissements capables de leur procurer quelque soulagement.

Lorsque, par suite du décès de plusieurs religieuses, le monastère se vit contraint de fermer le pensionnat, le digne Supérieur se montra vraiment père en cherchant, pour améliorer la position de ses filles, à leur obtenir des moyens d'existence en rapport avec les pieuses occupations de leur vie religieuse.

Et maintenant, elles conservent à son égard un sentiment de profonde gratitude accompagné de l'espérance d'avoir pour protecteur au ciel celui qui, sur la terre, s'est montré si fidèlement leur appui.

Notre vénéré vicaire général eut une douce joie en mai 1879. Il se rendit dans sa première paroisse de Fresnoy-Folny pour y bénir une cloche nouvelle. Toute la population vint au devant de lui et lui prodigua les marques de la plus touchante affection. Les petits enfants qu'il avait élevés étaient devenus des hommes, les filles des mères, et l'entouraient joyeux, en lui présentant à bénir leurs propres enfants. A l'église, il adressa, à ses anciens paroissiens, une allocution pleine de cœur et de délicatesse, où il rappelait les souvenirs d'autrefois, les bonnes années qu'ils avaient passées ensemble, les consolations qu'ils avaient goûtées en ces temps plus heureux et déjà si lointains ; l'auditoire était vivement impressionné et les larmes coulèrent de bien des yeux. M. Isaac était lui-même très ému. O charme des jeunes années ! ô souvenirs du printemps de la vie toujours cher au cœur de l'homme ! ô notre jeunesse couchée et morte avec tout ce qu'elle aimait ! « J'irai à elle, dit le poète, mais elle ne reviendra plus à moi ! » *Andra a lei, ma ella non retornerà a me.*

Une autre cérémonie, accomplie par M. Isaac, est à noter dans cette année 1879. Il était fils, avons-nous dit en commençant cette notice, de Simon Isaac et de Julie-Thérèse Motte. Or le père de Julie-Thérèse Motte, Adrien Motte, habitait la paroisse d'Héberville avant la Révolution. Il en était l'édification par sa foi et ses vertus, et quand les jours mauvais arrivèrent, ses concitoyens le choisirent comme maire, ne pouvant confier à des mains plus loyales et à un cœur plus dévoué les intérêts de la commune.

Ce digne homme sut maintenir l'ordre et la paix pendant cette terrible époque et éviter à sa commune les calamités qui affligèrent tant d'autres paroisses. Il était très pieux ; aussi quand le culte fut interdit, il ne permit pas qu'on profanât l'église et garda chez lui, soigneusement caché, tout le mobilier de l'église. Parmi ce mobilier se trouvait la cloche paroissiale, qu'il put rendre intacte à l'église après la paix religieuse. La vieille cloche se fêla vers 1870. M. Eugène Angot, ancien maire d'Héberville, eut, en 1878, la bonne pensée de faire refondre la cloche et de l'augmenter notablement. Il confia ce travail à M. Cartenet, qui livra à la paroisse une belle cloche de 1,100 kilogrammes. La cloche fut bénite solennellement le mardi 14 octobre 1879, par M. le vicaire général Isaac, petit-fils d'Adrien Motte qui avait sauvé la cloche paroissiale refondue dans la nouvelle. Cette touchante coïncidence fut rappelée par M. Isaac dans une allocution qu'il adressa aux paroissiens et qui émut tous les cœurs : « C'est peut-être à l'acte religieux de mon grand-père, disait-il, que je dois l'honneur de ma vocation, et je ne puis trop, en ce jour, honorer et bénir sa mémoire. »

M. l'abbé Isaac fut nommé, par ordonnance de Son Eminence, en date du 17 février 1880, deuxième vicaire général et grand chantre, en demeurant chargé des archidiaconés d'Yvetot et de Dieppe. Il fut délégué, en outre, pour présider, au nom de Mgr le Cardinal, l'administration temporelle de la cathédrale. Il avait comme grand chantre la haute direction de la maîtrise. Il présida, pendant plusieurs années, la distribution solennelle des prix de cette institution, et prononça, à cette occasion, de charmantes allocutions qui n'étaient pas l'un des moindres attraits de ces fêtes de famille. Nous reproduisons celle de 1879 qui mérite d'être relue et admirée.

Mes chers enfants,

Cette petite solennité est toute à votre intention. Ces prêtres vénérables, ces pieux fidèles sont venus tout exprès pour vous donner un témoignage d'intérêt. Ils sont venus pour vous fêter. Cependant, qu'est-il arrivé? Au lieu que ce soit nous qui vous fêtions, c'est vous qui nous avez préparé une heure délicieuse et nous faites entendre une belle musique et des chants harmonieux, en sorte que ce n'est pas vous qui êtes nos obligés; c'est nous, au contraire, qui vous sommes redevables. Merci donc, mes enfants, pour cette charmante récréation. Merci d'abord à votre digne maître, qui se dépense avec tant de dévouement à votre éducation; merci ensuite à ses collaborateurs, dont le zèle et la sollicitude sont attestés par vos succès; merci enfin à vous-mêmes qui, par votre application, savez si bien rendre vos partitions.

Au reste, vous êtes coutumiers du fait. Ce que nous venons d'admirer tout à l'heure, vous nous habituez à l'admirer toujours. Il n'y a pas un dimanche où vous ne nous teniez pour ainsi dire suspendus à vos lèvres. Vos voix sont si fraîches, si pures, qu'elles sont comme un écho du ciel; vos accents ont quelque chose d'angélique, et parfois on est tenté de lever les yeux pour voir si la voûte du sanctuaire n'a pas une ouverture qui laisse arriver jusqu'à nous les ravissantes mélodies des élus.

Ah ! vous contribuez vraiment à la beauté de nos solennités ! vous donnez aux chants d'église une expression suave qui éveille dans nos âmes des sentiments d'affectueuse piété. Vos voix ne résonnent pas seulement à nos oreilles, elles vont jusqu'à nos cœurs et en font jaillir la dévotion. Nous devons quelquefois à vos accents la ferveur dans nos prières et le goût des choses saintes.

Vous nous édifiez donc par vos chants.

Mais j'aime à vous rendre un autre témoignage, parce que vous avez un autre mérite. Ce mérite, c'est que vous êtes de bons petits enfants. Nous vous avons tous les jours sous les yeux, et nous vous trouvons une attitude et un maintien qui font plaisir à voir. Un enfant recueilli au pied des autels est un spectacle gracieux. Ce spectacle, vous nous le donnez tous les jours. Pour moi, je suis touché de tout ce qu'il y a de respect dans vos inclinations et vos révérences, et j'espère que Dieu en est honoré. On ne peut douter que vous n'ayez l'intelligence de votre office, qui est de chanter les louanges de Dieu. Les chanter seulement de bouche vous ferait semblables aux tuyaux de l'orgue qui, bien que parlant harmonieusement, ne sont pourtant qu'un airain sonnant et une cymbale retentissante. Vous, mes enfants, grâce à vos sentiments de piété, vous chantez avec votre cœur, et vos lèvres servent d'organe aux soupirs de votre âme.

Par un sentiment de modestie qui vous sied bien, vous trouverez que j'ai un peu forcé la note de la louange ; mais vous avez de l'oreille, vous vous mettrez donc à l'unisson, et vous ne permettrez pas que votre conduite soit en désaccord avec le ton que je viens de vous donner.

D'ailleurs, est-il besoin de vous le rappeler ? Vous avez de grandes obligations à remplir. Les maîtrises sont nées de ce verset du psaume : *Ex ore infantium perfecisti laudem.* Ici, j'imagine que le psalmiste insinue que la louange de Dieu n'est complète qu'avec le concours des enfants. Sans doute, quand on est homme, on peut chanter harmonieusement et avec goût les louanges de Dieu. Mais il manque à nos accents cette perfection de suavité et de douceur qui se trouve dans les voix puériles. Vous êtes donc pour le moins, mes enfants, des auxiliaires indispensables dans les concerts religieux, dans le chant des louanges de Dieu. Or, ne l'oubliez pas, pour que votre voix soit pénétrante, pour que votre chant soit beau, il faut que votre cœur soit bon.

Le passé vous a laissé des exemples qu'il faut atteindre et maintenir. Entendez le chant de vos devanciers. Prêtez l'oreille aux accents des jeunes choristes de la synagogue : *Pueri Hebræorum clamabant, dicentes : Hosanna in excelsis.* Ou, comme vous le chantez vous-mêmes au dimanche des Rameaux : *Cui puerile decus prompsit hosanna pium.* Voilà des chants pénétrants, des chants si pleins de respect et d'amour que les pharisiens voulaient les étouffer dans le silence.

Ces bonnes traditions ne restèrent pas ensevelies dans

la synagogue. Elles passèrent dans l'Eglise, et, dès les premiers siècles, pour n'en citer qu'un exemple, saint Ambroise, archevêque de Milan, réunissait autour de lui des enfants de sa ville épiscopale pour leur apprendre à psalmodier, et il leur confiait le soin de chanter l'office divin dans sa cathédrale, fonction dont ils s'acquittaient à la grande édification des fidèles. Voilà, mes enfants, un glorieux passé pour vous. Voilà qui fait honneur aux maîtrises. Mais que vous en semble? Si Son Eminence venait à vous charger de chanter l'office divin dans sa métropole, sauriez-vous le faire avec le même goût, avec la même édification ? J'espère, mes enfants, que bientôt vous ne feriez pas trop mauvaise figure dans cet emploi. Mais pour atteindre à cette perfection et vous y maintenir, qu'avez-vous à faire? Il faut écouter plus religieusement encore les leçons de vos maîtres, il faut suivre encore plus scrupuleusement les inspirations de votre conscience, et alors vous arriverez vraiment à prier comme les saints et à chanter comme les anges.

M. l'abbé Delahaye, premier vicaire général, mourut à la fin de l'année 1881. Mgr le Cardinal nomma, le 24 février 1882, M. l'abbé Isaac son premier vicaire général et doyen du chapitre, et le chargea de l'archidiaconé de Rouen. Le bon et humble prêtre était parvenu ainsi au sommet de la hiérarchie sacerdotale bien malgré lui assurément. Nous pouvons le dire ici en toute vérité, M. Isaac était, par son talent et sa vertu, supérieur aux dignités mêmes qui étaient venues successivement couronner sa sainte vie. Il les porta facilement sans changer en rien sa vie modeste et recueillie. Saint Bernard et Bossuet après lui ont jeté ce cri si souvent justifié : « Que c'est une chose rare de voir une personne humble quand elle est élevée dans l'honneur ! » Ce spectacle s'est vu parmi nous pendant les dix années du grand vicariat de M. Isaac. Une sainte âme a dit de lui « qu'il transpirait l'humilité » et rien plus n'est juste. Mgr le Cardinal, qui l'appréciait à sa valeur, l'avait jugé digne de l'épiscopat. Nous pouvons révéler ce secret, maintenant que la tombe s'est fermée sur lui. M. Bardoux, l'un des meilleurs ministres des cultes que nous ayons eus depuis long-temps, ayant prié, au commencement de 1878, Mgr le Cardinal de lui désigner des sujets pour l'épiscopat, Son Eminence pensa à M. Isaac et à plusieurs autres prêtres du diocèse. Il s'adressa tout d'abord à M. l'abbé Delahaye. Ce prêtre éminent se borna à cette réponse : « Grâce à Dieu, j'ai soixante-dix ans, et je suis hors de cause. » Mgr fit, à la fin d'avril de cette année 1878, des ouvertures à M. Isaac, pendant la tournée pastorale, mais elles furent repoussées avec une telle fermeté, de si touchantes et de si vives supplications que Monseigneur n'insista plus. « C'est un saint, disait-il, que ce bon M. Isaac. » On peut lui appliquer ces belles paroles que Bossuet a dites de Nicolas Cornet, et nous nous donnons la consolation d'en honorer sa mémoire : « Quelqu'un murmurera peut-être en secret de ce qu'une lumière si vive n'a pas été exposée plus haut sur le chandelier, et déclamera, en son cœur, contre l'injustice du siècle. Cette plainte paraît équitable, mais je dois néanmoins la faire cesser... Le siècle n'a pas été injuste, mais Nicolas Cornet a été modeste. On a recherché son humilité, mais il n'y a pas eu moyen de la vaincre. » Le R. P. Alexis, prieur des Carmes de Carcassonne, qui avait toute la confiance de Monseigneur, a connu comme nous le fait que nous révélons ici et l'a confié à l'abbé Podevin et à une autre personne des plus vénérables, encore vivante aujourd'hui, et qui pourrait en témoigner au besoin. Ce que nous allons ajouter ne fait pas moins honneur au diocèse et au vénérable archevêque, aujourd'hui successeur de Fénelon. Lorsque Mgr le Cardinal eût arrêté, d'accord avec Mgr le Nonce et le gouvernement, la nomination de M. Hasley à l'évêché de Beauvais, craignant sans doute de l'humilité bien connue du digne curé de Saint-Ouen, un nouveau refus, il ne jugea pas à propos de lui faire part de ses démarches et de sa résolution. M. Hasley n'apprit son élévation à l'épiscopat que lorsque tout fut ter-

miné, et presque en même temps que le public.
« C'est la volonté de Dieu, lui dit Mgr le Cardinal,
et il faut s'y soumettre. » Voilà de beaux exemples
et d'édifiants souvenirs !

Le commencement de l'année 1882 fut marqué
pour M. Isaac par un deuil de cœur qui commença
la série des souffrances des derniers jours. Il vit
mourir l'un de ses plus anciens et plus fidèles amis,
M. l'abbé Podevin, né à Fresnoy-Folny, et qu'il
avait connu dès qu'il avait été nommé à cette paroisse.
Ces deux prêtres étaient du même âge et s'étaient
liés d'une affection que les années ne firent qu'accroître et rendre plus douce. On connaît la vie et les
œuvres de M. Podevin, qui a créé l'atelier-refuge
de Saint-Hilaire, cité aujourd'hui, en France et en
Europe, comme une institution modèle et hors de
pair. M. Isaac l'aida souvent dans sa vie laborieuse
de ses conseils et de ses encouragements, et toujours
de son cœur. Il faisait partie du conseil d'administration du Refuge, et après la mort du vénéré fondateur, il n'aida pas peu les sœurs de Saint-Aubin
à être mises en possession de ce magnifique établissement, à la prospérité duquel elles avaient tant
contribué. M. Isaac entoura son ami, dans sa dernière
maladie, des plus tendres soins; il officia à son
inhumation, et lui si ferme et si maître de lui, ne
put retenir ses larmes. Il ne se consola pas de la

mort de son ami, qui fit dans sa vie un vide qui ne fut pas comblé.

On entreprit, à cette époque, à Caudebec, la restauration de la magnifique flèche qui surmonte l'église et que les siècles avaient mutilée et rendue méconnaissable. M. l'abbé Andrieu, curé-doyen, ouvrit à cet effet une souscription en tête de laquelle M. Isaac s'inscrivit pour cinq mille francs, heureux de donner, par cette généreuse offrande qu'il réussit à tenir cachée pendant sa vie, un témoignage de sa vive affection à son ancienne paroisse et à son admirable église.

M. Isaac, devenu doyen du chapitre et premier vicaire général, présenta à Son Eminence, à l'occasion de sa fête, le 15 juillet 1882, les hommages et les vœux du clergé, et prononça à cette occasion l'allocution suivante que nous publions pour montrer la tendre et respectueuse affection qu'il portait à l'illustre prince de l'église, et rappeler, en même temps, ces dernières années de notre bien aimé Cardinal, où il se montra le plus aimable, le plus tendre et le plus dévoué des pères.

15 juillet 1882.

EMINENCE,

Nous venons vous offrir nos souhaits de bonne fête. Nous sommes heureux de vous apporter l'expression de

nos hommages les plus respectueux, et en même temps
de notre religieuse affection ; car, sans oublier que nous
nous adressons au prince de l'église, nous aimons à
nous souvenir que vous êtes le pasteur et le père. Votre
fête est notre fête de famille ; la piété filiale y a sa place
légitime et peut y parler sa langue, il nous est donc
permis d'ajouter à l'expression de notre profonde vénération, celle de notre attachement affectueux. Il nous
est permis de faire de vos joies nos joies et de prendre
notre part de vos tristesses. Les tristesses, hélas ! ne
manquent pas dans le temps présent, elles sont même
bien près d'atteindre la mesure des plus mauvais jours.

Cependant, dans le ciel si noir Dieu a fait une petite
éclaircie pour Votre Eminence. La visite pastorale que
vous venez de terminer n'a pas été pour vous sans consolation ni sans espérance. Vos tournées de confirmation
n'ont même été qu'une suite continuelle d'ovations.
Avec quelle reconnaissance, avec quel respect vous ont
accueilli les populations ! Elles ont fait la haie sur votre
passage, elles sont venues à votre rencontre, elles ont
tenu à l'honneur de vous faire escorte, et la spontanéité
et l'entrain de ces cavalcades champêtres avaient plus
de charme et surtout plus de prix que les cortèges
officiels qui vont à la suite des princes. On eût dit
qu'un souffle d'en haut avait passé sur ces paroisses,
c'était presque la répétition de l'antique Hatanna,

Qui donc provoque ces manifestations de foi, qui met
sur pied ces habitants des campagnes et les fait accourir
par tous les chemins aux cérémonies religieuses pré-

sidées par Votre Eminence. Avant tout il faut y voir un témoignage de cette foi des anciens jours encore si fortement enracinée dans le cœur de nos populations rurales, et cette année il fallait y reconnaître une protestation contre les entreprises impies et sacrilèges dont nous gémissons. Mais, qu'il me soit permis de le dire, Votre Eminence a deux moyens qui réussissent merveilleusement à réveiller et à maintenir la vie chrétienne dans le cœur de nos populations. Le premier c'est la grande bienveillance que vous apportez dans vos relations avec elles, ce sont les entretiens que vous avez avec les autorités de la commune, c'est la sollicitude que vous mettez à vous informer de leurs affaires et de leurs intérêts, c'est l'accueil paternel que vous faites aux petits enfants, c'est la commisération que vous avez pour les pauvres qui ont toujours à bénir votre passage. Oui, tout cela triomphe des résistances, supprime le mauvais vouloir quand il y en a, apprivoise tout ce monde et le rend accessible. Chacun est heureux et fier, et à bon droit, du contact qu'il a avec Votre Eminence, heureux et fier de la parole que vous lui avez adressée, il la répétera aux siens et il en gardera un long souvenir. J'imagine que c'était là un des secrets de l'apôtre qui se faisait tout à tous pour les gagner tous à Jésus-Christ, et c'est là aussi un des moyens de succès de Votre Eminence.

L'autre moyen est encore plus efficace parce qu'il agit sur un plus grand nombre. Ce sont ces allocutions heureuses dont vous avez le secret. Souvent les églises ne suffisent pas à contenir les foules qui se pressent sur vos pas pour recevoir votre bénédiction et entendre votre parole. Elles sont là tout yeux et tout oreilles, et cette pieuse avidité vous inspire ces instructions qui les ravissent. Il faudrait les voir suspendues à vos lèvres, savourant cette parole simple et limpide toujours à la portée de leur intelligence, abondante et facile comme la lecture courante d'une page écrite où les expressions se suivent et se tiennent sans effort ni recherche. La parole a cessé de se faire entendre que leur attention reste encore en éveil comme pour écouter toujours. Ah ! ces auditeurs charmés diraient tout aussi spontanément que les envoyés des juifs : *nunquam loculus est homo sicut hic homo*, et Dieu bénit ces allocutions, car elles sont l'évangélisation surtout des âmes qui lui sont chères; elles sont l'évangélisation des pauvres et des simples. Aussi que de préjugés elles dissipent! que d'âmes éloignées elles rapprochent! que de chrétiens chancelants elles rattachent à la foi! et toujours elles font naître un sentiment de vénération et de reconnaissance pour l'apôtre qui s'épargne si peu quand il s'agit de leur faire du bien.

Dieu veuille, Eminence, et c'est là un de nos souhaits au jour de votre fête, Dieu veuille vous réserver, dans les autres parties de votre diocèse, les mêmes consolations que celles que vous venez de recueillir. Sans doute il resterait toujours bien des sujets de tristesses. Mais ce sentiment religieux de vos diocésains, leur vénération et leur attachement pour Votre Eminence aideraient puissamment à traverser les mauvais jours.

Les fêtes si solennelles et si touchantes des noces d'argent fournirent à M. Isaac une nouvelle occasion de se faire l'interprète des sentiments du clergé et des siens à l'égard du vénéré Cardinal. Il lui adressa, le lundi 4 juin 1883, la veille du grand jour, une allocution des plus remarquables, où il mit son talent et son cœur tout entier. Il y a résumé la vie de notre illustre archevêque et la reconnaissance du diocèse, avec un bonheur d'expressions et une chaleur de sentiments qu'aucun des orateurs de cette mémorable manifestation n'a surpassé.

ÉMINENCE,

Il y a vingt-cinq ans, quand vous veniez prendre possession de ce siège de Rouen, nous étions dans le deuil. Deuil bien légitime, car les adieux de notre digne Archevêque retentissaient encore au fond de nos âmes comme un gémissement plaintif, quoique résigné ; et la tristesse qu'il emportait dans sa retraite augmentait les regrets de cette séparation.

Vous nous arriviez comme un consolateur envoyé du ciel. Tout d'abord, nous fûmes partagés entre la crainte et l'espérance. Les Eglises éplorées de Carcassonne et d'Evreux nous faisaient envisager votre épiscopat sous

les plus favorables augures ; mais les apparences de
votre santé, qui s'annonçait bien frêle, nous faisaient
craindre de voir trop tôt s'évanouir nos espérances. La
constitution robuste de votre prédécesseur n'avait pu
résister aux fatigues imposées par l'administration de
ce grand diocèse ; que deviendriez-vous au milieu de ces
mêmes labeurs ? L'activité avec laquelle vous vous mîtes
à l'œuvre n'était pas faite pour calmer nos inquiétudes.
Mais il ne nous fallut que peu de temps pour nous faire
comprendre que la vie est dans le mouvement : *Vita in
motu*. Vous alliez et veniez ; on vous voyait à la ville
et dans les paroisses rurales ; vous étiez aux affaires du
diocèse, aux affaires de l'Etat, toujours aux intérêts de
l'Eglise, avec une sorte d'ubiquité qui vous permettait
d'être à tous, et le plein exercice vous donnait comme
une plénitude de vie. Oh ! alors, nos inquiétudes furent
complètement dissipées. Quant à nos espérances, je n'ai
pas à dire qu'elles étaient réalisées ; mieux que cela,
elles étaient dépassées.

Depuis vingt-cinq ans, Eminence, nous vous voyons
consacrer au bien de l'Eglise cette santé infatigable et
cette merveilleuse aptitude au travail. Je ne saurais dire
les services que vous avez rendus. Les détails en seraient
bien longs ; et, pour les condenser en quelques paroles,
il faudrait une touche plus délicate et une main plus
exercée. D'ailleurs, Votre Eminence ne voudrait pas
entendre un récit qui serait tout à sa louange. Mais je
dois avoir la permission d'affirmer ce que tout le monde
sait, ce qui est dans toutes les bouches : c'est que vous

êtes un grand travailleur ; c'est que les vingt-cinq années qui viennent de finir ne sont qu'une longue chaîne de labeurs, sans solution de continuité, où le repos n'a jamais trouvé sa place. Pourquoi ne dirais-je pas avec la sainte Ecriture que Dieu vous a fait une couronne d'honneur avec tous vos travaux ? qu'il a voulu mettre la main à votre tâche, afin qu'elle fût plus remplie et plus comlèpte ? *Honestavit illum in laboribus et complevit labores illius.* Comment, en effet, sans cette assistance d'en haut, comprendre ce travail qui n'a jamais de relâche ? Comment suffiriez-vous à toutes ces occupations, si Dieu n'en prenait sa part ? Le poids des années ne saurait pas même ralentir votre activité ; on dirait qu'il la redouble, car cette vingt-cinquième année est une des plus étonnantes et des plus chargées de votre épiscopat.

Aussi, quand nous lisons ce que dit le texte sacré d'un prêtre de la loi ancienne, qu'il fut le soutien de la maison de Dieu et le restaurateur du sanctuaire : *In vitâ suâ suffulsit domum et in diebus suis corroboravit templum,* nous croyons lire une prophétie, et nous ne nous défendons pas d'une application qui se fait d'elle-même. Cette application, elle est vraie dans le sens littéral. Qui a fait plus que Votre Eminence pour la restauration, la reconstruction, l'embellissement de nos églises ? Quant aux presbytères, qui sont l'annexe de l'église, qui a plus contribué que Votre Eminence à leur amélioration, à leur réédification ? Nous sommes donc en droit de dire de vous : *Sacerdos magnus in*

vilâ suâ suffulsit domum et in diebus suis corrobo-
ravit templum. Mais cette application n'est pas moins
vraie dans un autre sens, dans un sens plus élevé. Que
ne vous a point inspiré l'amour de l'Eglise, qui est votre
constante préoccupation ? Que n'avez-vous pas fait pour
la glorifier ou pour la défendre? Voyages lointains et
fatigants, lettres, discours, mandements, vous avez
consacré à son service tout ce que Dieu a mis de ressources dans votre riche nature. Que de démarches
pénibles auprès des dépositaires du pouvoir, tantôt pour
prévenir une décision hostile, tantôt pour en atténuer
les effets ! Ceux qui ont vu un prince de l'Eglise dans
les demeures de nos gouvernants ont pu croire à une
humiliation. Mais non, un fils qui défend sa mère ne
s'amoindrit pas en affrontant les ennuis les plus rebu-
tants ; au contraire, il s'honore et met une auréole à
son front.

Ah ! sans doute, il serait plus commode et plus facile
de rester tranquillement dans sa tente et de laisser faire
nos ennemis. Il serait même plus facile de répondre à la
lutte par la lutte et de riposter par les mêmes armes ;
mais vous ne l'entendez pas ainsi. Vous ne laissez point
faire nos ennemis. Non, vous allez à eux ; mais vous y
allez avec l'armure des soldats de Gédéon ; vous y allez
avec une lampe masquée et dont vous faites resplendir
la lumière quand vous êtes en leur présence. Hélas ! la
pleine évidence où vous mettez l'hostilité de leur entreprise ne triomphe pas toujours de leur mauvais vouloir ;
alors vous échangez avec eux des paroles de concilia-

tion; vous n'attaquez jamais, vous ne faites que résister. Vous n'envenimez rien, vous ne mettez l'aigreur nulle part, vous vous inspirez toujours des pensées de la sainte liturgie et de l'esprit de Notre-Seigneur, qui est le prince de la paix et qui a placé aux frontières de son Eglise une branche d'olivier comme sa meilleure défense. *Qui pacem ponit fines Ecclesiæ.*

Un de vos plus anciens prédécesseurs, et non pas un des moins considérables devant Dieu et devant les hommes, saint Victrice, au témoignage de saint Paulin, commença à illustrer l'Eglise de Rouen. Il la fit connaître dans les contrées lointaines où, avant lui, elle était tout à fait ignorée. Depuis saint Victrice, ses successeurs ont accru son renom. Tant de saints et de grands pontifes qui sont venus après lui en ont fait l'illustre primatiale de la Normandie et l'ont placée à un rang des plus honorables parmi toutes les Eglises. Est-ce une illusion de notre piété filiale de croire que vous n'êtes pas inférieur à ceux qui sont venus avant vous et que vous n'avez pas moins travaillé qu'eux à la gloire de cette Eglise de Rouen, et que plus qu'aucun d'eux vous l'avez unie par des liens plus étroits à l'Eglise de Rome ?

Permettez-nous donc, Eminence, de vous adresser une expression de reconnaissance que presque tous les jours nous adressons à Dieu quand nous lui disons : *Gratias agimus tibi propter magnam gloriam tuam.* Oui, nous vous rendons grâces pour la gloire de votre épiscopat ; car, indépendamment du motif de notre respecteuse affection pour votre auguste personne, nous y trouvons notre intérêt. Cette gloire n'est pas seulement pour vous, elle est aussi pour nous ; une part nous en revient ; elle rejaillit sur le diocèse, elle rayonne sur les pasteurs et sur le troupeau.

J'ai occupé trop longtemps votre attention, Eminence ; j'ai quelque peu abusé de votre indulgence, je vous en fais mes excuses. Mais je ne voudrais pas finir sans vous exprimer nos vœux. Nous terminons une période de vingt-cinq années et nous en recommençons une nouvelle. Oh ! que nous voudrions que cette seconde s'accomplît comme la première ! Pourquoi Dieu ne donnerait-il pas à votre pontificat la même durée qu'au pontificat de plusieurs, d'un grand nombre même de vos prédécesseurs ? Pourquoi ne verriez-vous pas les années des La Rochefoucauld, des d'Amboise, des saint Ouen et de beaucoup d'autres ? Ah ! il ne tiendra pas à nous, Eminence, que vous n'ayez la longue vie des patriarches. Nous demandons à Dieu la prolongation de votre existence, si précieuse dans les mauvais jours que nous traversons ; et puisque, dans notre pensée, vous êtes le saint Paul de saint Pierre, nous prions Notre-Seigneur de garder le conseiller, l'ami, le frère de son Vicaire. Nous le prions de vous conserver à vos prêtres, qui vous vénèrent et vous aiment comme leur pontife et leur père ; au diocèse, qui s'honore, et à bon droit, de vous avoir pour pasteur ; à la France, dont vous avez défendu les intérêts, et qui ne doit pas avoir oublié vos services ; enfin, à l'Eglise tout entière, dont vous soutenez toujours vaillamment la cause.

Il semblait que Dieu avait voulu accorder à notre Cardinal toutes les joies et toutes les récompenses de la terre avant de lui ouvrir celles du ciel. Cette fête du 5 juin a été le triomphe dans lequel il a été enseveli.

Monseigneur se rendit une fois encore à Rome où son séjour fut rempli de consolations. Il écrivit, au retour, à M. Isaac, une lettre que nous reproduisons, parce qu'elle est la dernière que Son Eminence lui ait adressée. Nous pourrions en citer bien d'autres qui montreraient la confiance et l'affection dont Mgr le Cardinal l'honorait ; mais, outre qu'elles contiennent des détails qui doivent demeurer secrets, elles n'ajouteraient rien à ce que nos lecteurs savent déjà des rapports étroits établis et continués pendant dix ans entre l'illustre archevêque et son digne grand vicaire.

Turin, 4 octobre 1883.

MON CHER MONSIEUR ISAAC,

Je vous écris de ce même appartement que j'ai occupé ici lorsque j'ai eu la consolation de faire le voyage de Rome avec vous. A côté de mon salon est la petite pièce où, à dix heures du soir, vous écriviez à votre sœur. Depuis lors nos angoisses n'ont fait qu'augmenter. J'ai laissé le saint père bien triste, mais infatigable et intrépide. Je lui ai remis notre denier de Saint-Pierre. Il s'y est montré bien sensible, car il en a grandement besoin; nous avons pu traiter ensuite les questions les plus intéressantes, et moi prendre ses instructions.

Puisqu'il faut mettre quelque chose dans la *Semaine* vous pourriez y mettre ceci : « Que dimanche dernier à « midi et demie, j'ai été reçu par le Père en audience « particulière. L'audience a été fort longue, des ques- « tions d'un haut intérêt y ont été traitées, et j'ai reçu « des instructions qui me seront de la plus grande « utilité. Malgré toutes les fatigues que lui a occasionné « le grand pélerinage du clergé italien, le saint Père « paraît en très bon état de santé, Sa Sainteté a béni le « pèlerinage de Lourdes et tout notre beau diocèse. »

Je suis parti le 2 et j'espère arriver à Paris samedi soir. Mais il faudra que j'y passe probablement une semaine pour donner aux affaires traitées à Rome les suites qu'elles comportent.

Mes compliments à ces Messieurs du chapitre et du secrétariat.

Votre bien affectionné en N. S.,

† HENRI, Card. Arch.

Le 28 octobre, veille de la fête des saints pontifes de Rouen, Son Eminence, après quelques jours de maladie, rendait à Dieu sa belle âme. Il avait dit un jour, dans un magnifique langage : « Les années se sont accumulées; le soleil de nos jours s'incline vers les collines éternelles. » Il s'est couché, comme le soleil, tout entier, lentement et avec majesté, éclairant encore la terre de ses derniers feux. M. Isaac fut admirable de dévouement pendant la dernière maladie de Monseigneur. Il était sans cesse à prier pour lui. Il puisa dans son affection la force de lui parler, le 27 octobre, de la gravité de son état, et de lui conseiller de recevoir les derniers sacrements. Les médecins, malheureusement, ne jugèrent pas le moment venu, et Mgr le Cardinal, sur leur avis, remit au lendemain ce grand acte qu'il voulait accomplir avec toute la solennité requise par le pontifical. On sait comment il fut administré une heure avant sa mort, la faiblesse ayant fait des progrès rapides. M. Isaac ne quitta plus le grand mort et veilla auprès de lui une grande partie des jours et des nuits, offrant, à son intention, le saint sacrifice, ses chapelets, ses prières jusqu'au mardi 6 novembre, jour des funérailles, où il conduisit le deuil du pontife qu'il avait grandement aimé et dignement secondé pendant les dix dernières années de son épiscopat.

Le Chapitre élut M. Isaac comme doyen du Chapitre, et l'un des trois vicaires capitulaires. Il était le premier par l'ancienneté et présida à tous les actes de l'administration diocésaine. La nomination agréée par le gouvernement fut notifiée au clergé et aux fidèles par M. l'abbé Robert, le 8 novembre. Il remplit, pendant cinq mois, avec ses très dignes collègues, M. l'abbé Margueritte et M. l'abbe Lair, ses hautes et délicates fonctions avec un zèle, une sagesse, un dévouement incomparables jusqu'au 1ᵉʳ avril 1884, jour de sa mort. C'est lui qui fit le mandement du carême, que nous aimons à reproduire comme la dernière manifestation de sa pensée et de sa foi ici bas.

Chaque année, nos très chers frères, aux approches de la sainte quarantaine nous écoutions, au pied de la chaire, l'instruction pastorale que Son Eminence Mgr le Cardinal plaçait à la tête de son mandement de Carême. Nous apportions une attention respectueuse à cette parole autorisée, qui se recommandait toujours par la mesure et la clarté et souvent par l'ampleur et l'éloquence. Aujourd'hui, hélas ! cette parole, qui nous était si sympathique, est silencieuse. En vain nous prêtons l'oreille, elle se tait, et nous ne l'entendrons plus jamais.

Nous avions l'espoir d'être consolés du silence que nous déplorons par une autre voix également autorisée et dont les accents sont toujours écoutés avec une pieuse avidité. Quelques échos lointains de cette parole, arrivés jusqu'à nous, nous la faisaient désirer vivement. Mais un retard inattendu, auquel il faut nous résigner, nous prive de cette consolation, et c'est à nous, nos très chers frères, que revient la charge de vous annoncer, cette année, les saintes prescriptions du Carême. Nous le ferons avec simplicité et sans prétention, et ne chercherons pas d'autre sujet que les pratiques qu'il impose.

Tous les ans, nos très chers frères, l'Eglise rappelle aux fidèles l'obligation du jeûne et de l'abstinence. Les âmes pieuses sans doute entendent sa voix. Ceux qui ont souci de leur salut répondent à son invitation et acceptent résolûment les pratiques du Carême. Mais qu'ils sont faciles à compter ceux qui se montrent dociles et obéissants ! C'est le grand nombre qui reste sourd à son appel et ne change rien ou presque rien à son genre de vie ordinaire. On pourrait vraiment se demander si les prescriptions du Carême sont obligatoires ou facultatives, s'il s'agit d'une loi ou seulement d'un conseil, et s'il est loisible à chacun de faire comme il voudra.

Il n'est pas besoin de vous le rappeler, nos très chers frères, car ceux qui ont conservé la sainte habitude de la prière le redisent matin et soir quand ils récitent ce commandement de l'Eglise : « Quatre-Temps, Vigiles jeûneras, et le Carême entièrement. » C'est donc un commandement, c'est une loi à laquelle on est tenu d'obéir.

Observons d'abord que la première loi donnée à l'homme fut une loi d'abstinence. Dieu défendit à Adam de manger le fruit de l'arbre de la science du bien et du mal. On ne contestera pas sans doute à Dieu le droit d'ordonner et de défendre ce que bon lui semble. Manger un fruit, c'est en soi peu de chose ; mais manger un fruit auquel Dieu a défendu de toucher, c'est tout différent, car alors c'est la méconnaissance de sa souveraineté, c'est une révolte contre son autorité. Aussi voyez la conséquence de la désobéissance. Adam est frappé de déchéance, lui et toute sa postérité. Ne vous semble-t-il pas, nos très chers frères, que cet exemple de juste sévérité n'est pas rassurant pour ces chrétiens indifférents qui ne se font aucun scrupule de transgresser les lois de l'abstinence ? Car enfin, puisque la transgression d'Adam le fit chasser du paradis, n'ont-ils pas lieu de craindre que leur transgression ne les empêche, eux, d'y entrer ?

Après la chute de l'homme, la pratique du jeûne et de l'abstinence s'imposa comme un remède nécessaire aux convoitises de notre nature déchue. Quel est, en effet, le mal dont nous souffrons ? La grande plaie de l'humanité, c'est le sensualisme. On rapporte tout au bien-être, non-seulement au bien-être, mais au plaisir des sens. On se fait une idole de son corps, et il faut à cette idole des jouissances et toujours des jouissances. Cet assujettissement aux appétits grossiers laisse une libre entrée à tous les désordres, et parce qu'on n'est plus capable de mettre un frein à ses désirs, on transgresse les lois les plus saintes, on viole les devoirs protecteurs de la famille et de la société. Où sera donc le remède à cette licence effrénée ? C'est un principe admis que les contraires se guérissent par les contraires. Par conséquent, rien de plus rationnel que d'opposer le jeûne et l'abstinence aux entraînements du sensualisme, de corriger les excès par les privations et de substituer la modération et la tempérance à l'ivresse des plaisirs.

C'est pourquoi, tout ce qu'il y eut de vénérable dans l'antiquité pratiqua le jeûne et l'abstinence. Moïse jeûna quarante jours, le prophète Elie jeûna ce même temps; et dans Moïse vous avez toute la loi, comme dans Elie vous avez tous les prophètes. Ce moyen de sanctification ne pouvait manquer à la loi nouvelle. Aussi Notre-Seigneur jeûna quarante jours et quarante nuits, consacrant par son exemple cette loi de la pénitence. Inutile d'ajouter que tous les saints ont imité leur divin Maître, qu'ils ont jeûné comme lui, et qu'ils ont d'autant plus pratiqué le jeûne qu'ils ont été plus saints et plus parfaits.

Telle est donc la loi du jeûne et de l'abstinence. Dès les premiers jours du monde, elle est donnée à Adam. Après sa chute, elle lui devient un remède nécessaire contre la concupiscence. L'Ancien Testament s'y soumet. Notre-Seigneur lui donne la consécration de son exemple et de son enseignement, et tous les saints l'ont observée, comme un moyen obligé de sanctification.

Pourquoi donc, nos très chers frères, transgresse-t-on une loi qui non-seulement a droit à nos respects, mais encore à laquelle nous sommes rigoureusement tenus d'obéir? On allègue deux motifs : le premier, c'est qu'elle serait nuisible à la santé, et l'autre, qu'elle impose des obligations trop difficiles.

Est-il vrai que la loi du jeûne et de l'abstinence soit nuisible à la santé? Le dire, n'est-ce pas accuser le législateur d'avoir manqué de prévoyance et de sagesse? Et si c'est Dieu qui est l'auteur de la loi, l'accusation est au moins insensée. Et si c'est l'Eglise qui a fait la loi, l'accusation ne l'atteint pas davantage, puisque l'Eglise est conduite par le Saint-Esprit. Mais examinons de plus près si vraiment cette loi est nuisible à la santé. Si nous interrogeons l'Ecriture, qui ne contient que la vérité, elle nous dit que celui qui observe l'abstinence prolonge sa vie et donne à son existence une plus longue durée. *Qui abstinens est adjiciet vitam.* Si nous consultons l'expérience, elle nous répond par cette maxime antique : Que la table fait plus de victimes que la guerre. *Plures occidit gula quam gladius.* L'abondance est plus meurtrière que les privations. La médecine a plus de clients parmi ceux qui vivent dans les jouissances et la bonne chère que dans les classes moyennes, qui ont tout juste le nécessaire et rarement le superflu. Vous trouvez dans la vie des saints, des religieux qui, au milieu des privations de la pénitence, ont fourni une carrière de quatre-vingts ans, quatre-vingt-dix ans, cent ans et plus. Saint Paul, le premier ermite, qui, pendant près de cent ans, n'eut pour nourriture que le fruit d'un palmier d'abord, et ensuite le pain que lui apportait un corbeau, et, pour se désaltérer, que l'eau de la fontaine voisine de sa grotte, vécut cent treize ans. Antoine, le fondateur de la vie cénobitique, arriva à cent cinq ans. Nous avons lu de nos yeux, sur la tombe récemment fermée d'un religieux trappiste, une épitaphe qui lui donnait quatre-vingt-douze ans de vie, dont plus de soixante passés dans son austère profession ; et il n'avait pas été une exception dans son cloître, car on y voyait, entre autres, un religieux qui, à quatre-vingts ans et plus, tissait encore les étoffes dont on faisait les vêtements des frères.

Dans ces maisons de pénitence, où l'abstinence est perpétuelle, où la vie ne s'alimente que de végétaux, on se fait un sang aussi riche et plus pur qu'à la table la plus splendidement servie. L'histoire de Daniel et de ses compagnons, choisis en qualité de pages du roi de Babylone, en est la confirmation. On voulut nourrir ces jeunes Israélites avec les mets de la table du roi ; mais, parce qu'il y avait dans ces mets des viandes défendues, ils supplièrent l'officier qui les avait sous ses ordres de ne leur servir que des légumes. L'officier voulut bien, à titre d'essai, condescendre à leurs désirs, et, après un essai de dix jours, il fut constaté qu'ils avaient une santé meilleure et un visage plus frais que les autres pages, leurs compagnons, qu'on nourrissait avec les mets les plus succulents.

Il nous paraît donc bien établi, nos très chers frères, que la loi du Carême n'est pas nuisible à la santé. Toutefois, l'Eglise, qui n'est pas une marâtre, mais une mère tendre et compatissante, ne demande l'impossible à personne. Ainsi, elle n'impose pas le jeûne à l'ouvrier qui travaille péniblement ; à ceux qui ont une santé faible et délicate ; aux pauvres, qui n'ont pas toujours la nourriture suffisante ; à ceux qui n'ont pas l'âge voulu ou qui ont l'âge passé. Quant à l'abstinence, l'Eglise y a mis tant d'adoucissements qu'elle semble être vraiment à la portée de tous et ne plus comporter aujourd'hui de dispense que pour les malades.

Reconnaissons donc, nos très chers frères, après avoir fait la part de toutes ces exemptions, que notre santé n'a pas de griefs légitimes contre la loi du Carême.

Cette loi, cependant, nous le reconnaissons volontiers, est d'un accomplissement pénible. Mais c'est là précisément sa raison d'être, c'est le motif pour lequel elle a été portée. La loi du jeûne et de l'abstinence est une loi de pénitence, une loi de satisfaction à la justice de Dieu. Satisfaire à Dieu, c'est lui offrir une expiation pour les offenses que nous lui avons faites. Or, comment accomplir cette expiation, sinon en usant des moyens que Notre-Seigneur a employés pour la réparation du genre humain ? Dans la réparation du Sauveur, il y a des souffrances de toutes sortes ; il y a des privations, des jeûnes, des humiliations, des lassitudes, des larmes et du sang. Oui, il y a de tout cela sur le chemin qui part de la Crèche pour aboutir au Calvaire. Il faut donc qu'il y ait aussi de tout cela dans notre expiation. Eh quoi ! nos très chers frères, Notre-Seigneur aurait souffert une mort douloureuse pour expier des péchés qui n'étaient pas siens, et nous, pour des péchés qui sont nôtres et qui nous sont tout personnels, nous ne voudrions rien souffrir, pas même quelques jours de jeûne et d'abstinence ! Oh ! la justice de Dieu ne l'entend pas ainsi. La justice veut une satisfaction. Non pas que celle du Calvaire n'ait été surabondante, non pas qu'elle n'ait suffi et bien au-delà à la réparation de toutes nos offenses, mais elle en veut une autre, qui nous soit toute personnelle, parce que c'est là une condition nécessaire pour que nous puissions participer à la satisfaction de Jésus-Christ. Et nous avons tout intérêt à l'offrir nous-mêmes ; car, si elle vient de nous, elle sera relativement douce et légère, parce qu'elle fera des emprunts aux mérites du Sauveur, qui suppléeront à son insuffisance. Mais si nous n'allons pas au-devant de la justice, si nous la laissons réclamer ses droits, elle nous fera payer jusqu'à la dernière obole. Voulons-nous, nos très chers frères, pour nous soustraire à la loi du Carême, pour échapper à une pénitence légère et momentanée, voulons-nous nous exposer à encourir le sort du mauvais riche, qui demande en vain depuis deux mille ans, et qui demandera pendant toute l'éternité, la goutte d'eau pour rafraîchir sa langue au milieu des flammes qui le dévorent ?

Mais les pratiques du Carême ne sont pas seulement une réparation, elles sont aussi une préservation et une sauvegarde. Quand on ne se prive de rien, quand on ne se refuse aucune satisfaction et qu'on se laisse aller à tous les plaisirs du goût, on devient une proie facile pour le démon. Le tentateur n'a pas de grands efforts à faire pour nous jeter dans le mal; nous y allons de nous-mêmes, entraînés que nous sommes par des penchants toujours écoutés. Mais ceux qui vivent dans la sobriété et la tempérance, ceux qui se contentent de peu, qui s'accoutument à une vie de sacrifices, ceux-là sont préparés à la lutte et en état de tenir tête au démon. Au reste, nos très chers frères, Notre-Seigneur nous laisse clairement entendre que notre Père céleste contracte vis-à-vis du jeûne une obligation semblable à une dette qu'il ne saurait renier. Ecoutez plutôt la parole du Sauveur : « Quand vous jeûnez, nous dit-il, ne faites point parade de votre mortification, pratiquez-la plutôt dans le secret, et votre Père, qui voit dans le secret, vous le rendra. *Et Pater tuus qui videt in abscondito reddet tibi.* » Oui, nos très chers frères, mortifions-nous par le jeûne et l'abstinence, et Dieu nous le rendra. Il nous le rendra en nous donnant une des grâces les plus précieuses, la force de nous vaincre et de résister à nos convoitises. Il nous le rendra, en nous investissant d'une puissance qui terrifie le démon. Croyez-moi, disait saint Antoine à ses disciples, Satan a peur des veilles, des prières, des jeûnes. *Expavescit Satanas jejunia.* Il nous le rendra, en nous donnant sur les puissances des ténèbres un empire qui n'appartient qu'à la prière et au jeûne. *Hoc genus non ejicitur nisi in oratione et jejunio.* Il nous le rendra, en accordant la réussite à nos entrepeises les plus difficiles. Nous avons jeûné et prié, disait Esdras dans sa reconnaissance, et tout est arrivé comme nous le voulions. *Et evenit nobis prospere.* En un mot, il nous le rendra, en donnant à nos prières des accents qui pénètrent les cieux et qui en font descendre infailliblement la grâce et la miséricorde.

Ne cherchons donc pas à nous soustraire à la loi du Carême et ne nous laissons pas non plus effrayer par l'extérieur austère de la pénitence quadragésimale. Si les aliments qui nous sont offerts nous paraissent moins savoureux et moins substantiels, Dieu ne peut-il pas suppléer à ce défaut ? C'est lui qui donne à la nourriture sa saveur et sa vertu. Le pain cuit sous la cendre apporté par un ange au prophète Elie n'était qu'un pain ordinaire ; le prophète, cependant, après l'avoir mangé, marcha vaillamment pendant quarante jours sans éprouver de lassitude. *Ambulavit in fortitudine cibi illius.* Dieu avait mis dans son pain une puissance et une vertu. La manne qui tombait au désert ne paraît pas avoir été plus attrayante que nos aliments de Carême, puisqu'une multitude d'Israélites l'avaient prise en dégoût et regrettaient les viandes et les oignons de l'Egypte. Dieu, cependant, faisait trouver une saveur délicieuse dans la manne aux pieux Israélites. *Panem cœli dedit eis omne delectamentum in se habentem.* Pourquoi Dieu ne donnerait-il pas au pain du pauvre, au pain de l'ouvrier chrétien, la vertu d'entretenir la vigueur dont il a besoin pour son travail quotidien, comme il le fit pour le pain du prophète Elie ? Nous aimons à penser que Dieu ne doit pas accorder moins aux chrétiens qu'aux Israélites, et qu'aux aliments de Carême, qu'ils acceptent pour obéir à la loi du jeûne et de l'abstinence, il donne la même saveur et la même vertu qu'à la manne du désert. Au moins, nous sommes certains qu'il y donne sa bénédiction, en écarte les germes de corruption et de mort, et y met la salubrité avec le mérite de l'expiation.

Pour confirmer notre enseignement, permettez-nous, en finissant, nos très chers frères, d'invoquer le souvenir des Ninivites. Ils avaient mérité la mort par leurs prévarications ; mais Dieu, qui est toujours Père, ne voulut pas les frapper sans leur donner un dernier avertissement. Il leur envoya le prophète Jonas. Le prophète arrive à Ninive ; il parcourt les rues de cette grande cité, qui ne comptait pas moins de trois jours de chemin, en criant aux habitants de sa voix la plus retentissante : « Encore quarante jours, et Ninive sera détruite ; encore quarante jours, et les habitants seront écrasés sous ses ruines. » Cette sentence de mort si accentuée et si prochaine est entendue des Ninivites. Elle retentit jusqu'au fond du palais du roi. Prince et peuple, consternés à la voix du prophète, tremblent d'effroi sous le coup de cette foudroyante menace. Un jeûne des plus rigoureux est prescrit et accepté. Tous les habitants, enfants, femmes, vieillards, tous se mortifient, et Dieu, qui est compatissant, se laisse attendrir par cette pénitence universelle. Il révoque la sentence de mort portée contre la ville criminelle et pardonne à la cité repentante.

Pourrions-nous affirmer, nos très chers frères, que l'arrêt de mort porté contre les Ninivites ne nous menace pas nous-mêmes ? Sans doute, un prophète n'a pas reçu la mission de nous annoncer notre ruine prochaine, mais nos prévarications ne nous donnent-elles pas lieu de la craindre ? Le scandale habituel de la profanation du dimanche, la corruption des mœurs, l'irréligion, qui a presque un caractère national, l'athéisme officiel, qui chasse Dieu de partout, n'appellent-ils pas sur nos têtes la vengeance divine et les éclats de la foudre ? Faut-il s'abandonner au découragement ? Tout espoir de salut est-il perdu ? L'exemple des Ninivites ne se présente-t-il pas à nous comme une promesse de miséricorde ? Cet exemple ne nous autorise-t-il pas à vous dire que Dieu n'est pas impitoyable, qu'il se laisse fléchir, et qu'il voudra bien être indulgent pour nous comme il le fut pour eux ? Oui, nos très chers frères, si nous imitons la pénitence des Ninivites ; si, comme eux, nous acceptons le jeûne et l'abstinence, dans quarante jours, ce n'est pas la ruine qui nous attend, mais la délivrance. Dans quarante jours, ce n'est pas la mort, mais la résurrection que Dieu nous donnera. Dans quarante jours, il fera la paix avec nous, il nous pardonnera, et, avec le pardon, il fera luire pour nous des jours plus prospères et un avenir assuré d'un lendemain.

Le dernier enseignement de M. Isaac fut consacré à la pénitence, qu'il avait prêchée toute sa vie, comme son patron bien-aimé, Jean-Baptiste, par la parole et par les actes.

Toute vie est triste à son déclin. Dieu voulut sans doute achever, dans la souffrance, la perfection de son serviteur. Le chagrin que lui avait causé la mort de Mgr le Cardinal, l'excès de travail, le poids d'une responsabilité de tous les jours et de toutes les heures épuisèrent ses forces. Depuis les premiers jours de janvier 1884, il ressentait une grande fatigue contre laquelle il se raidissait, ne voulant se donner aucune relâche, et redoublant au contraire d'activité et de dévouement, quand le mercredi 26 mars, dans la nuit, il fut frappé d'une congestion lente et progressive au cerveau. En dix jours, elle tarit en lui toutes les sources de la vie. Il conserva cependant toute sa connaissance et se rendit compte de son état. Il reçut, le dimanche 30 mars, les derniers sacrements que lui administra M. le chanoine Othon, en présence de son confesseur M. le chanoine Fallet. Avec quelle foi, quelle angélique piété, quels tressaillements de son âme il fit accueil à Notre Seigneur, dans cette dernière communion en viatique; ceux-là seuls peuvent le savoir qui en ont reçu l'inoubliable édification! Il remercia, après la cérémonie, M. le chanoine Othon et les assistants, et leur parla avec tout son cœur. Sa maladie mit en relief, son éminente vertu.

Grave, doux, recueilli, il se prêtait docilement à ce qu'on voulait de lui, ne proférant jamais

une plainte, ne manifestant jamais la moindre impa-
tience. Il priait toujours. Pendant six jours, sa
prière a été à la lettre ininterrompue. Les premiers
jours il se fit apporter ses registres et vérifia ses
affaires qui étaient d'ailleurs dans un ordre parfait.
Puis, il ne s'occupa plus que de Dieu. Quelquefois,
il parlait haut, accentuant sa prière intérieure :
« Faisons des actes d'espérance, des actes extérieurs. » Il prenait alors son crucifix et le baisait
longuement et amoureusement. « Notre Seigneur,
s'écriait-il alors, il n'est rien de meilleur ! Mon
Jésus, je vous ai été fidèle, oui, toujours ! » Il disait
cela avec une voix forte et douce à la fois, et avec
un accent indéfinissable qui nous arrachait des
larmes. Ce prêtre mourant, déjà sur le seuil de
l'éternité, et sachant qu'il allait paraître devant
Dieu, disait avec la conviction des saints : « mon
Jésus ! je vous ai été fidèle, oui, toujours ! » Quel
témoignage ! quelle assurance ! quel couronnement
d'une belle vie ! il invoquait doucement la sainte
Vierge, baisait son image, et lorsqu'il entendait la
sœur ou l'un de ses chers amis réciter avec lui les *ave
maria* du chapelet, il paraissait content, il souriait.
Il n'a pas fait d'adieux, ne voulant pas, sans doute,
contrister sa pauvre sœur inconsolable, ni aucun
des siens, mais il nous regardait avec bonté. La
veille de sa mort, il eut comme un avant-goût de la

béatitude infinie : sa pâle figure souffrante s'illumina comme d'un rayon d'en haut. Ses yeux ranimés fixaient un spectacle invisible et charmant. Tout à coup il sortit de sa contemplation, en s'écriant, avec une expression radieuse que nous ne lui avions jamais vue à ce point : « Le ciel, oh, que c'est beau le ciel ! » Ce fut l'une de ses dernières paroles. Lundi soir, sentant la fin s'approcher, il appela sa sœur, M. Isaac, mon frère Anatole et moi, la religieuse de Bonsecours et sa fidèle servante auprès de son lit, il nous bénit tous une dernière fois, nous l'embrassâmes avec effusion, et il entra peu après en agonie. Mardi 1er avril à deux heures du matin, il rendait sa sainte âme à Dieu.

Le corps du vénéré défunt fut exposé en chapelle ardente, dans la salle du pavillon de l'archevêché de la rue des Bonnetiers, et la foule ne cessa de venir le visiter. Beaucoup de personnes faisaient toucher au corps de ce saint prêtre des objets de piété ; toutes le contemplaient avec attendrissement et vénération. La mort n'avait pas défiguré ses traits ; il paraissait dormir son dernier sommeil avec le calme et la sérénité du juste.

Les témoignages les plus touchants de l'estime et des regrets publics ont entouré la mort et accompagné les funérailles du vénérable M. Isaac. Mgr l'Archevêque de Rouen, après avoir appris à Paris la perte que venait de faire le diocèse, voulut bien exprimer toute la part qu'il prenait à notre deuil et adresser aux Vicaires capitulaires ses condoléances.

L'éminent prédicateur de Saint-Ouen, qui tenait chaque soir suspendues à ses lèvres les foules émues et émerveillées, bénit du haut de la chaire la sainte mémoire de M. Isaac, qu'il avait compté au nombre de ses auditeurs les plus assidus et les plus sympathiques. Le R. P. Feuillette s'est exprimé en ces termes :

Un grand deuil vient de nouveau frapper l'Eglise et le clergé de ce diocèse : son premier Vicaire général vient d'être rappelé à Dieu après une maladie bien courte, puisque nous ne pouvons oublier que, mercredi dernier, il venait ici même apporter à notre faible parole l'encouragement de sa présence.

D'autres voix plus autorisées que la nôtre diront sur cette tombe ce qu'il y avait dans cette âme simple et patriarcale de trésors de bonté, de douceur, de miséricorde, de foi, de charité ; comment elle s'ouvrait à toutes les infortunes ; comment cette vie, qui semblait le rendez-vous de toutes les vertus humaines dans la plus haute inspiration du chrétien et du prêtre, comment cette vie s'est usée au service des âmes dans la défense des plus grands intérêts de ce diocèse.

Je tenais seulement, mes frères, en recommandant à

vos pieux suffrages l'âme de celui que vous venez de perdre, à vous dire ma profonde et douloureuse sympathie, et toute la part que je prenais au deuil d'une Eglise que cette station m'a rendue si chère.

Les journaux du département ont été respectueux et sympathiques dans les articles qu'ils ont consacrés au défunt, et l'organe le plus important de la presse religieuse, *l'Univers*, a honoré la mémoire de ce bon prêtre par l'article suivant :

C'était un prêtre d'un esprit sage et sûr, d'un cœur dévoué, d'une grande austérité de vie et d'une bienveillance égale à son humilité. Dans le diocèse, on le citait comme le modèle du prêtre. Il en avait toutes les vertus, avec un extérieur grave et digne qui commandait le respect.

Comme curé, il fit modestement le bien dans les différentes paroisses qu'il eut à diriger. Tout entier à son ministère, il passait la plus grande partie de sa journée à l'église, soit au confesssionnal, soit en prières ; le reste du temps, il travaillait au presbytère. Rarement il quittait sa paroisse, et il ne sortait que pour visiter les pauvres et les malades. Aussi fondé en doctrine qu'en piété, il excellait à instruire ses paroissiens dans la religion. Ses prônes, ses instructions de catéchisme avaient la solidité et l'efficacité que donne le véritable esprit de Dieu formé par la vertu et par l'étude. C'était aussi un excellent directeur d'âmes.

La haute considération dont il jouissait et les grandes qualités qu'il avait montrées dans le gouvernement de ses paroisses déterminèrent Son Eminence le cardinal de Bonnechose à l'associer à l'administration du diocèse. Homme de bon conseil, esprit grave et judicieux, cherchant la justice et le bien, et ami de la vérité avant tout, M. Isaac fut l'auxiliaire le plus utile et le plus dévoué des dernières années du pontificat de Mgr de Bonnechose. L'éminent prélat l'avait en si haute estime qu'il ne faisait rien d'important pour le diocèse sans le consulter, et qu'il recevait volontiers les conseils et même les représentations que son Vicaire général lui adressait avec une respectueuse liberté. Honoré et aimé de tout le clergé, M. Isaac laissera la réputation d'un de ces bons et saints prêtres qui sont l'honneur du sacerdoce et l'idéal du passé. Toutes les sympathies des amis qu'il comptait dans plusieurs familles, comme dans le clergé, iront à la digne sœur qui fut la compagne dévouée de sa vie et le témoin de ses rares vertus.

Les obsèques furent célébrées à Rouen jeudi 5 avril avec la dignité et la solennité que réclamaient les hautes fonctions du défunt, les services qu'il avait rendus et les regrets profonds qu'il laissait au clergé et aux fidèles du diocèse.

Un grand nombre de prêtres étaient venus des différents archidiaconés, et l'assistance des laïques distingués de notre ville était des plus considérables. Le cortège se composait de la maîtrise, des élèves du grand séminaire, des prêtres en habits de chœur, du clergé de la cathédrale, des chanoines honoraires et titulaires, présidés par M. l'abbé Margueritte, vicaire capitulaire. Le petit séminaire avait envoyé une députation, formée de quelques professeurs et des élèves des deux premières classes. Toutes les communautés religieuses de notre ville étaient représentées. L'Atelier-Refuge, si cher au cœur de M. Isaac, qui faisait partie de la commission administrative, avait envoyé tous ses enfants. Les Frères des Ecoles chrétiennes, les RR. PP. de la compagnie de Jésus, le R. P. Feuillette, de l'ordre de Saint-Dominique, et M. le chanoine Gilly, prédicateurs du Carême, ont pris place dans le cortège. M. le Préfet de la Seine-Inférieure, absent, s'était fait représenter par M. le Vice-Président du Conseil de préfecture.

Pendant le trajet de la maison mortuaire à la cathédrale, les cordons du char ont été tenus par M. l'archiprêtre, M. le chanoine Tirel; M. Legrand, représentant M. le Préfet; M. Rousselin, membre du Conseil de fabrique de la métropole. On remarquait sur le char les belles couronnes envoyées par des amis fidèles. Le deuil était conduit par M. Lair, vicaire capitulaire; M. l'abbé Isaac, curé-doyen d'Envermeu; M. le chanoine Ansselin, secrétaire

général; M. l'abbé Lachèvre, secrétaire de l'Archevêché; M. l'abbé J. Loth et M. l'abbé Anatole
Loth, curé de Notre-Dame du Pollet de Dieppe.

Dans l'assistance, qui comprenait l'élite des catholiques de notre ville, on remarquait M. le président
de Tourville, M. le général de brigade et son aide
de camp, des conseillers à la Cour, des anciens
magistrats, des conseillers généraux et d'arrondis-
sement, des membres du barreau, le bureau de
l'*Union catholique*, des membres des Conseils de
fabrique des diverses paroisses, les représentants
de la presse conservatrice et catholique de Rouen,
et un nombre considérable de prêtres qui n'avaient
pas pris l'habit de chœur.

L'office a été célébré avec toute la dignité et la
gravité des solennités funèbres à la métropole.
M. l'abbé Margueritte, vicaire capitulaire, a offert
le saint sacrifice et donné l'absoute. De beaux chants
religieux exécutés à l'Offertoire et à l'Elévation,
avec un sentiment exquis, par la maîtrise de la métropole et plusieurs élèves du grand séminaire,
répondaient à l'émotion générale. Toute la nef et le
déambulatoire du chœur suffisaient à peine à l'assistance sympathique et recueillie qui avait voulu
s'associer à l'hommage rendu par l'Eglise de Rouen
à son vénérable doyen. Les dames de la ville y
étaient en nombre et en vêtements de deuil.

Après l'absoute, le cercueil a été déposé dans le fourgon des pompes funèbres, qui a stationné sur le parvis pour permettre à tous les assistants de venir saluer une dernière fois et asperger d'eau bénite le corps du vénéré défunt. M. l'abbé Ansselin et M. l'abbé Fallet ont accompagné, dans une voiture, le fourgon des pompes funèbres, dans lequel sont montés M. l'abbé Loth et M. l'abbé Pallier, et l'on s'est mis en route pour Caudebec-en-Caux, où devait avoir lieu l'inhumation.

Le corps est arrivé à trois heures de l'après-midi sur la place de l'Orme de Caudebec. Toute la population, ayant à sa tête le clergé de la ville et du canton, attendait le bon pasteur qu'elle avait aimé et vénéré pendant quatorze ans, et dont le souvenir lui était resté si cher et si précieux. Quatre jeunes filles en blanc portaient sur une civière une immense couronne de roses blanches, suprême et délicat hommage de la paroisse à son ancien pasteur. Cette couronne virginale, qui était portée derrière le char, formait un symbole d'une touchante poésie. En tête du pieux cortège marchaient les vieillards de l'hospice, les élèves de l'école chrétienne et des Dames Augustines, dont M. Isaac était le dévoué supérieur. Le clergé comprenait tous les prêtres du doyenné de Caudebec, auxquels s'étaient joints M. l'abbé Sauvage, curé d'Ectot-l'Auber ; M. le curé-doyen de

Duclair et M. le curé-doyen d'Yvetot. M. l'abbé Loth conduisait le deuil. Les cordons du char ont été tenus, de la place de l'Orme à l'église, par M. le Juge de paix du canton, M. le Maire de Caudebec, M. de Caumont de Chandoisel, président de la fabrique, et M. Lecoq, trésorier. L'assistance était considérable et couvrait l'étendue de près d'un kilomètre.

M. l'abbé Andrieu, chanoine honoraire et curé-doyen de Caudebec, a présidé l'office. L'église était toute tendue de draperies funèbres et le cercueil entouré d'un grand nombre de lumières. Le chant des matines des morts a été dignement exécuté avec accompagnement de l'orgue, puis l'absoute a été donnée. On s'est rendu ensuite au cimetière. Après avoir prononcé les dernières prières, M. le curé-doyen de Caudebec a adressé d'une voix émue à l'assistance les paroles suivantes :

Ce serait bien ici le moment, avant de laisser fermer cette tombe, de faire l'éloge du vénérable prêtre que nous venons d'y déposer. Cependant, je me garderai bien de rien dire à ce sujet, parce que je sais trop combien, quoi que je fasse, je resterais au-dessous de la vérité, et ensuite parce que je ne pourrais arriver à faire de la vie si dignement remplie et si saintement terminée de M. l'abbé Isaac, vicaire général, doyen du chapitre de la métropole, un éloge aussi digne et aussi complet que celui qui se trouve en ce moment dans tous les cœurs et sur toutes les lèvres de ceux qui ont été les heureux témoins de toutes ses vertus sacerdotales.

C'est bien à Caudebec, où il s'est fait connaître comme curé autant et plus qu'il n'avait pu le faire ailleurs, c'est bien ici que l'on sentira plus vivement toute l'étendue du deuil de notre diocèse, en perdant à si peu de distance de la mort de l'illustre cardinal de Bonnechose, et durant la vacance du siège archiépiscopal, le premier Vicaire capitulaire qui remplissait si dignement les grandes charges de sa haute dignité.

Ce que je veux faire, au bord de la tombe encore ouverte de notre cher et vénéré défunt, c'est, après l'avoir remercié lui-même de ce dernier témoignage d'affection qu'il a voulu nous laisser en tenant, par acte de dernière volonté, à reposer au milieu de nous et à confier la garde de sa tombe à ses anciens et chers paroissiens de Caudebec, c'est, après ce premier devoir rempli, d'adresser mes bien vifs remercîments à toutes les personnes ici présentes, qui ont mis un si religieux empressement à répondre à l'invitation qu'elles ont reçue et à venir s'unir à moi pour m'aider à rendre au digne et vénéré curé de Caudebec, mon prédécesseur, un dernier hommage digne de sa mémoire, en demandant tous ensemble pour lui que, par la miséricorde divine, son âme repose en paix. *Requiescat in pace.*

M. l'abbé Ansselin fit don à l'église de Caudebec, au nom de Mlle Isaac, de la belle étole pastorale qui avait été placée sur le cercueil du vénéré défunt.

Ainsi, aucun hommage, aucun regret, aucune prière n'a manqué à Rouen ni à Caudebec à l'homme de Dieu, au prêtre savant et modeste, au sage administrateur du diocèse, au cœur délicat et généreux qui fut M. Jean-Baptiste-Ambroise Isaac, dont la sainte mémoire demeurera en honneur et en bénédiction dans les annales de l'Eglise de Rouen.

Une pierre tombale a été placée, au cimetière de Caudebec, sur la sépulture du vénéré défunt. Elle porte l'inscription suivante :

✝

HIC JACET

BEATAM EXPECTANS RESURRECTIONEM

VIR SAPIENTISSIMÆ AC OPTIMÆ MEMORIÆ

JOANNES BAPTISTA AMBROSIUS ISAAC

SACERDOS

CAPITULI ECCL. METR. ROTOMAGENSIS

DECANUS NECNON VICARIUS GENERALIS

SEDE VACANTE

QUI

PER DECEM ANNOS DD. CARD. DE BONNECHOSE

ARCH. ROTOM. VICARIUS GENERALIS EXTITIT

ET ANTEA

PER QUATUORDECIM ANNOS HUJUSCE PAROCHIÆ

CALEDOBECENSIS

RECTOR

GREGEM SIBI CREDITUM PAVIT IN JUSTITIA

ET DEVOTIONE CORDIS SUI

PIISSIME OBIIT IN DNO. ROTOMAGI

KAL. APRIL. AN. MDCCCLXXXIV

ÆTATIS SUÆ LXX

CUJUS RECTISSIMÆ BENIGNISSIMÆQUE ANIMÆ

PROPITIETUR DEUS

R. I. P.

Les paroissiens de Caudebec et d'autres personnes de Rouen et du diocèse viennent s'agenouiller parfois auprès de la tombe du saint prêtre et invoquer son intercession. Elle a été secourable à plusieurs d'entre eux, en des circonstances dignes de souvenir qui nous autorisent à penser que Dieu, après avoir récompensé son fidèle et généreux serviteur, se plaît à exaucer ses prières.

Chère âme, pardonnez-moi d'avoir essayé de vous faire revivre en ces pages mouillées de mes larmes, et d'avoir ainsi fait violence à votre profonde humilité. Vous avez aimé la vie cachée, vous n'avez cherché ici-bas que le silence et l'oubli, mais notre reconnaissance ne pouvait se taire et notre douleur avait besoin de cette consolation. Tant de choses ont été clouées avec vous dans votre cercueil ! Vous avez suivi dans l'éternité, d'un an seulement, mon bon et vénérable père, un homme de l'ancienne marque, et qui fut l'un de vos meilleurs amis, mort en saint comme vous ; Mgr le Cardinal vous avait précédé de quelques mois devant Dieu ; mon oncle, M. Louis Longhaye, camérier des papes Pie IX et Léon XIII, prêtre d'une haute intelligence et de la plus aimable vertu, vous a rejoint dans la paix éternelle. Tous ces deuils se confondent avec le vôtre et ont ouvert dans mon cœur une plaie toujours saignante. J'ai aimé à revivre avec vous les jours d'un passé heureux, et à puiser dans vos exemples et dans vos paroles des leçons et des encouragements pour les années sombres de la séparation. J'ai voulu adoucir la douleur de votre inconsolable sœur, j'ai voulu surtout édifier encore ceux qui vous ont connu, du spectacle de vos vertus. Il ne se peut pas qu'un prêtre tel que vous meure tout entier ici-bas; votre vie est une lumière qu'on ne peut tenir cachée sous le boisseau, une haute et féconde leçon qui ne sera pas oubliée.

Chère âme de mon vénérable ami, je ne vous ai pas louée autant que je m'y sentais entraîné, j'ai laissé parler seuls les faits et vos œuvres. C'est vous qui donnez, par vos paroles, quelque prix à ces pages; vous continuerez par là le ministère qui vous a été le plus cher, celui d'instruire et d'édifier. En vous quittant, je voudrais vous dire combien je vous ai aimé et vénéré, et résumer mes sentiments dans une louange suprême. C'est à la langue que vous connaissiez si bien, à la sainte Écriture que je la demanderai. C'est elle seule qui parlera bien de vous, dans ces textes où elle nous retrace le portrait du saint prêtre.

M. Isaac a été vraiment un bon ministre et de bonne doctrine (1), il a prêché le royaume de

(1) Timoth. IV, 6.

Dieu, enseignant tout ce qui est du Seigneur Jésus, avec confiance (1). Sa prédication ne consista pas seulement dans les paroles persuasives de l'humaine sagesse, mais surtout dans le témoignage de l'esprit saint et de la vertu (2). Il revêtit tout son être de bonté, d'humilité, de modestie et de patience (3), et il vécut dans la simplicité du cœur et la sincérité de sa foi (4). Toutes ses actions eurent pour but l'édification des peuples (5), et il répandit, au milieu des hommes, la bonne odeur de Jésus-Christ (6). Sa mémoire ne s'effacera pas des générations et son nom sera prononcé avec amour (7); on racontera, sur la terre, sa sagesse (8), et parce qu'il a instruit à la justice une multitude d'enfants, il brillera dans l'éternité comme un astre éclatant (9).

(1) Act. XXVIII, 31.
(2) I. Corinth., II, 4.
(3) Coloss., III, 12.
(4) II. Corinth., II, 15.
(5) II. Corinth., XII, 19.
(6) II. Corinth., II, 15.
(7) Eccli, XXXIX, 13.
(8) Eccli., XXXIX, 14.
(9) Dan., XII, 3.